ビジネスパーソンに必要な3つの力

山本哲郎

BOW BOOKS

はじめに

本当に仕事ができる人が持っている3つの力

私が三菱商事に入社したのが2005年。ちょうど就職氷河期が終わるか終わらないかの時代でした。

もともと三菱商事に入社したのは、私の大学剣道部のある大先輩がきっかけでした。その方は、当時60歳の手前、三菱商事を30歳のときに退職し、バイオベンチャーの世界で成功されている起業家でした。

剣道も大変強く、当時よく週末に剣道部に顔を出しては、30歳は違う後輩たちと忖度なく互角に勝負をする方でした。

「剣道は人の性格を表す」とよく言いますが、その方の剣道は既成概念にとらわれない自由な剣風で、バリバリの学生が必死にかかっても返り討ちにするような、勝負にこだわった剣道をされる方。まさにベンチャー起業家としてどんな大企業にも果敢に挑む気概と勇気を持ったビジネスパーソンでした。

私は大学院に進学したので、卒業後も部活の稽古によく顔を出していたのですが、稽古が終わった後に、その方に銀座のクラブによく連れて行ってもらったものでした。

夜のクラブの世界で、楽しそうにビジネスと夢を語る姿が眩しく見えた私は、「その先輩みたいなビジネスパーソンになりたい！」と強く思い、その方に大学院卒業後の進路の相談をしました。

彼からのアドバイスは、「いきなり起業をするのは勧めない。まずは大企業に入り、社会や組織の仕組みをじっくり勉強しなさい。そこからでも遅くない。それには、三菱商事がいちばんだ。あそこは、優秀な人材が山ほどいる。サラリーマンとしては間違いなく日本一の会社だ。三菱商事で商売の基本をしっかり学んだ後からでも起業は遅くない」というものでした。

私は学部生時代はひたすら剣道に明け暮れ、就職はせずに学問の道を志し、大学院ではアフリカ研究が専門で、そのまま大学院に残るつもりでしたが、その先輩との出会いがきっかけで、ようやく民間企業への就職を考えるようになりました。

当然ビジネスの勉強などほとんどしてきませんでしたので、そんな私にとって、その先輩の言葉が全てであり、何も考えずに三菱商事を受験し、運よく内定をいただき、商社マンとしてのキャリアを歩むことになりました。

三菱商事に入社後、金属グループ原料炭事業部という部署に配属されました。原料炭と言えば、今や三菱商事の純利益の何割かを稼ぐ花形商品で、三菱商事の中でももっとも伝統のある部署の一つでした。

原料炭事業部には、１９７０年代に書かれた「石炭に関するあらゆる知識が網羅されている」と言われた、代々引き継がれている「石炭ハンドブック」という辞書があり、配属された部署での初めての仕事は、この「石炭ハンドブック」をひたすら暗記することでした。

特に石炭に興味があったわけでもなかった私には、とにかく苦痛でしかない、毎日朝から晩まで、「石炭ハンドブック」をひたすら読みまくるという、大学受験よりも過酷な毎日を過ごすことになりました。

当時は「働き方改革」や「ワーク・ライフ・バランス」という概念などなく、サービス残業も当たり前。そんな時代だったこともあり、毎日朝早く出社、夜遅くまでがむしゃらに仕事をし、仕事が終わった後は深夜まで飲みに行き、翌朝早く出社するという、商社マンとして充実した毎日を過ごしていました。

その後、インド、ドイツ、シンガポールの3か国、合計9年ほど駐在生活を経験しましたが、その中で、私の人生に大きな影響をもたらしたのが、シンガポールでの5年間でした。

シンガポールでは、ＢＨＰという、三菱商事と石炭事業を行う「資源メジャー」と言われる外資系の超巨大資源会社のマーケティング部門に、三菱商事からたった1人の出向者として派遣されることになりました。

当時の三菱商事にとって、ＢＨＰは年間数千億円の純利益を稼ぐ石炭事業を共に行う最重要なパートナーでした。「そんなパートナー会社に出向できる！」と、私は商社マンとしての自信と誇りをもって、ＢＨＰへ出向したのでした。

ところが、実際に出向し、グローバルでバリバリに働く本物のエリートたちに囲まれてみると、私と彼らのビジネス戦闘力の差はあまりに明らかでした。

それまでインドやドイツに駐在していたとは言え、駐在先はあくまで現地法人。「三菱商事の論理」で動く組織で、日本と三菱商事の文化を理解している現地スタッフと仕事をするのと、ＢＨＰという、三菱商事の論理が全く通じない環境で働くのとでは、全くわけが違いました。

もちろん、英語も全然分かりません。それまで、曲がりなりにも、駐在先のインドやドイツの現地法人でも英語で仕事をしてきましたが、現地スタッフが忖度して会話してくれていたのだと痛感しました。

しかし、英語以上に辛かったのが、彼らの思考力の高さと頭の回転の速さに、全くついていけなかったことでした。出向してからの半年間の私の仕事はというと、会議の議事録取り（ＩＣレコーダーに録音して、30分の会議の議事録を3時間くらいかけて書いていました）、システム入力、毎日のニュース配信など、それこそ日本企業では新入社員がやるような仕事ばかりでした。
ＢＨＰにとって三菱商事からの出向者は所詮ゲストです。正直、そのまま出向期間の２年間を可もなく不可もなく過ごせば、それなりに三菱商事でも評価されて出向生活を終えることができるはずでした。

しかし、それまで自信満々で仕事をしてきた経験が全く通じないことに強いもどかしさと悔しさを感じていた私は、とある金曜日の夕方、ビアホールでチーム員と飲んでいたときに、当時の私の上司であるインド人のサンディープさん（あだ名はサニー）に相談したのです。

「サニー、俺はなんでこんなに仕事ができないのだろうか？」と。

サニーは微笑みながら、こう答えてくれました。
「テツ、君はゴルフをするだろう？　初心者にゴルフクラブを持たせて、『明日から毎日３６５日、ひたすらラウンドしてこい！』と命令してやらせたら、上達すると思うかい？」

私は当然のようにこう答えました。

「そんなの上達するわけないだろう！　やっぱり、きちんとティーチングプロに習って、習ったことをラウンドで実践して、振り返って、学びを練習で繰り返して、そしてまたラウンドして……この繰り返しの中でこそゴルフは上達するんだ。まぁ、仮に何も学ばずに上達する奴がいるとしたら、１０００人に１人いるかいないかの天才だろうね！」と。

私は自分のアベレージスコアが１２０オーバーであることを棚に上げて、偉そうに答えました（ゴルフを知らない方のために、ゴルフのスコアで１２０というのは、ほぼ初心者レベル）。

サニーはこう答えてくれました。

「だろ？　ビジネスもいっしょさ。今の君は、初心者がひたすら毎日ラウンドしているようなものさ」と。

あまりにショックでした……。

毎日何も考えずにがむしゃらに働き、ビジネスパーソンとして成長したと思い込んで外の世界に出てみたら、なんと「基本的なスウィングフォーム」すら身についていなかったのですから。

しかし、同時に霧が晴れるような感覚もありました。

私は、すでにお伝えした通り、もともと剣道が専門で、3歳から始め、今でも続けています。剣道でも全く同じで、何も考えずに毎日ひたすら稽古をしていても、なかなか上達しません。きちんと理論を学んで実践して振り返って、また実践するからこそ上達するのです。

PDCAサイクル（計画→実行→確認→改善→計画……と循環することで仕事の質を上げていこうという概念）を回すことで上達するのは、どんなスポーツでも、そしてビジネスでも全く同じだということに、ようやく気づかされました。

では、ビジネスにおける理論とは何か？　そこから、

「優秀なビジネスパーソンが共通して持っている理論とはどのようなものか？」

が、私の人生のテーマになったのです。この共通の理論を体系化し、分かりやすく伝え

ることができれば、私のように行き詰っている多くのビジネスパーソンを救うことができると考えました。

逆に言えば、私はここに日本企業が抱える人材育成上の問題点があると思ったのです。


日本の企業の人材育成は、基本的には終身雇用を前提にしています。

新入社員研修、3年目研修、課長研修、部長研修などの、人事が主体となる階層別研修があり、そして実務実践は現場主導のOJT(On the Job Training)が基本なので、人事研修とOJTが連動していません。

人事は「研修をやること」が目的となり、現場はOJTという、実質は、昔ながらの徒弟制度さながらの先輩社員の属人化したスキル伝承の場となっており、体系的に学んだ知識やスキルを実践する場がないのです。

研修で体系的な正しい理論を学び、そしてそれをOJTで実践して振り返り、そこでの学びを次の実践に繋げること。この仕組みづくりができれば、人材がどんどん育っていき、どんな企業も成長していけるのではと考えました。

その後、このテーマを追求するため、三菱商事を退職し、研修会社に転職、ビジネススキルの講師になりました。そこでは、徹底して論理的思考力を高めるための方法論を追求しました。「論理的思考力」とは、要するに「課題解決力」と「論理的なコミュニケーション力」です。

しかし、どこかで「論理的思考力」の限界も感じていました。どんなに分かりやすく教えても、身につく生徒と、身につかない生徒がいる。真面目に取り組む生徒もいれば、取り組まない生徒もいる。研修講師としての限界を感じた私は、より深く人材育成を追求したいと思い、独立しました。

独立すると、否応なく、

「自分は何のために働いているのだろうか？」
「なぜ独立したのだろうか？」
「独立して何を成し遂げたいのだろうか？」

と日々考えるようになりました。仕事がなければ、当然給料も何も入ってきません。うまくいかないことも多いですし、毎日不安を感じることもあります。しかし、独立してからの毎日は、仕事の大変さ以上に、生きがいを見つけ、今に至るまで充実したビジネスライフを送っています。

そして、独立してからと会社員時代との違いは、「自分は何のために働いているのか？」、言い換えると、Ｗｈｙ（目的）を徹底的に考え抜いたことだと気づきました。同時に、論理的思考力の前に、実はこのＷｈｙ（目的）がもっとも重要なのだと気づいたのです。

その後、私は企業研修において「生きることの意味、働くことの意味」、つまりＷｈｙ（目的）を徹底的に考えさせるプログラムを導入しました。その結果、どの受講生も例外なく「論理的思考力」が驚くほど身につくようになっていったのです。

考えてみれば、論理的思考力は目的を達成する手段にしか過ぎません。「そもそも自分は何のために働いているのか？」「この会社や組織で何を成し遂げたいのか？」のＷｈｙ（目的）がなければ、論理的思考力が機能するわけがないのです。

この経験を基に、私はビジネスパーソンが必要なスキルは、たった３つだと結論づけました。それは、**①自己基盤力、②課題解決力、③論理的コミュニケーション力**の3つです。

①自己基盤力では、自分の過去をじっくり振り返り、「自分は何のために生きているのか？そして働いているのか？」を徹底的に考え抜きます。

②課題解決力では、①自己基盤力を基に、自分が達成したい目的を考え、その目的を達成するための対策を論理的に考え抜きます。

③論理的コミュニケーション力では、課題解決するために周囲に説明責任を果たして巻き込んでいくコミュニケーション力を身につけます。

この3つの力さえ身につければ、社員は勝手に成長し、そして組織も成長していきます。逆に、この3つを疎かにして、いくら小手先のテクニックを学んでも、「できる人」と「できない人」の差はどんどん広がるばかりで、組織の成長は限界を迎えます。

ＢＨＰで仲間たちと行った飲み会は、とても刺激的でした。日本にいたときは、仕事帰りに仲間と飲みに行くと、そこで花が咲くのは決まって、会社への愚痴であり、上司の悪口であり、人事異動の話題でした。

しかし、ＢＨＰの仲間たちと交わされるのは**「自分は何を実現したいのか？」**（**自己基盤力**）であり、**「実現のためには何をするのか？」**（**課題解決力**）についての熱い議論でした。それも感情的にならず、理路整然と議論するのです（**論理的コミュニケーション力**）。

この３つの力を体系的に身につけることができれば、どのようなビジネスパーソンも、必ずグローバルで活躍できます。

シンガポール駐在から帰国した後、私はハーバード・ビジネススクールに留学しました。そこで、人材育成の面白さを実感した私は、帰国後に退職を決意し、人材育成の基本を学ぶため、研修会社に転職し、年間１２０日以上企業に派遣され、日々ビジネススキルを教えてきました。その後起業して独立し、多くの企業の経営コンサルや人材育成の仕事に関わっています。

私の総合商社で苦労した経験、研修会社で人材育成を学んだ経験、起業して多くの中小企業の経営コンサルや人材育成の支援をした経験を体系化し、「ビジネスパーソンが生き抜く本質的な力」をお伝えするのが、本書です。

さて、グローバルで活躍する優秀なビジネスパーソンは、①自己基盤力、②課題解決力、③論理的コミュニケーション力の3つを兼ね備えていると述べましたが、実は、これはビジネスだけではありません。私はビジネスパーソンだけではなく、様々なバックグラウンドを持つ方々のコーチングもさせていただいておりますが、この3つの力は、実は人生全てにおいて共通するスキルです。

たとえば、3つの力に関連して、このような方々は周りにいないでしょうか。

①自己基盤力：自分の人生の課題を見つけられずに毎日仕事や家事育児に追われている
②課題解決力：思いつきの対策に飛びついてしまって、詐欺師に騙されてしまう
③論理的コミュニケーション力：感情配慮ができず、論理的に伝えられないことで人間

関係がこじれている

最近の日本を見ると、「失われた何十年」など、あまり明るいニュースを聞きません。一方で、私のような昭和世代では考えられないような、とんでもない日本人が世界で大活躍しています。メジャーリーガーの大谷翔平さんは、その最たるものでしょう。

大谷翔平さんなど世界で活躍している若者を見ると、まさに①自己基盤力、②課題解決力、③論理的コミュニケーション力、の全てが極めて高いレベルにあると感じます。

大谷翔平さんは、高校生時代には①ドラフト1位6球団指名という課題を自ら設定し、②そのために今なすべきことを論理的に整理し、③それを周囲に説明していたといいます。

彼が生き生きとしているのは、決して誰かから「やらされている」のではなく、自分で自分の人生に責任を持って選択してきているからでしょう。

本書はまた、

誰かからの指示で生きるのではなく、自分の意志で自分の人生を生きる、

そのための方法論の本としたつもりです。

この本を手にとられた多くの方々はビジネスパーソンでしょう。

もし少しでも共感できる部分がございましたら、ぜひご家族とも共有いただき、ご自分だけでなく、ご家族、子どもたちもまた楽しく充実した人生を生きるきっかけとしていただければ、望外の喜びです。

目次

ビジネスパーソンに必要な
3つの力

第2部 課題解決力

第1章 問題解決と課題解決

第2章 課題解決の2W1Hと、基本的な流れを知る

第3章 ステップ1 Why 「ありたい姿」を具体的に定める 127

第3部 論理的コミュニケーション力

序章

なぜか日本の会社では教えられない、世界の優秀なビジネスパーソンに共通する３つの力

グローバルで活躍するビジネスマンがみんな持っている3つの力とは？

本論に入る前に、「はじめに」でもご紹介した本書でお伝えする3つの力、

①自己基盤力

②課題解決力

③論理的コミュニケーション力

の概要について、簡単にお話ししておきます。

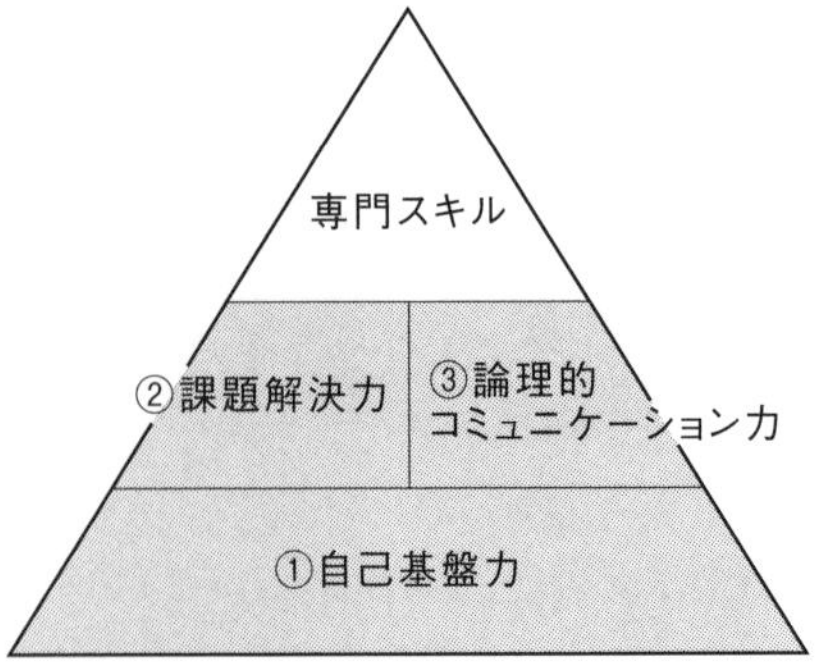

そもそも、あなたは何をしたいのか？
なぜ生きているのか？
——①自己基盤力

3つの力のうち、もっとも土台となる力、それが「自己基盤力」です。自己基盤力の重要性について、私自身の経験をお話しさせてください。

子どもの頃の私は、いわゆる〝優等生〟でした。部活にも勉強にも真面目に取り組み、進学校に進み、一流大学に入学。大学でも体育会で剣道に打ち込み、OBの先輩に導かれるまま、就活生憧れの総合商社ナンバーワン企業である三菱商事に入社しました。

学生時代も、社会人になってからも、そんな私を動かしてきた原動力は、

「自分が何をしたい」ではなく、
「他人からよく思われたい」という承認欲求でした。

「親や先生から褒められたい」「周りからすごいと言われたい」「試合に勝ってチヤホヤされたい」など、他人の目を気にして生きてきて、自分から主体的に「そもそも」のありたい姿を描くことはありませんでした。

したがって、たとえば剣道でライバルがよい成績を収めると嫉妬し、会社で同期が私より早く出世すると、劣等感を感じておりました。

しかし、私がシンガポールで接してきた、

グローバルで活躍する超一流のビジネスパーソンは、例外なく自分自身の「ありたい姿」を、自信を持って語れる人たちでした。

その後、経営コンサルタントとして独立した私は、否応なしに「そもそも」なぜ独立したのか？　なぜ働いているのか？　なぜ生きているのか？　を問われる日々が続きました。

独立した年の売上はわずか2万円。何をしてもうまくいかない中で、初めて自分の人生を振り返り、「そもそも」何をしたいのか？　と、ありたい姿を問うようになりました。

今思えば、「そもそも」は、サラリーマン時代はもちろん、子どもの頃から自らに課すべきもっとも重要な「問い」だったのではないでしょうか。

サラリーマンは、毎日仕事が与えられ、給料が自動的に振り込まれ、日々が何となく過ぎていきます。だからこそ、主体的に「そもそも」を考えなければ、私のように、他人の目ばかりを気にする、流されるサラリーマン人生になってしまいます。

超一流のビジネスパーソンは、自ら「ありたい姿」を描き、その姿を達成するために、主体的に「どのように」するのか？　を明らかにし、具体的に「何を」するのか？　を問い、行動していく人々です。

実は、人材育成会社を起業した当時、私は①自己基盤力の大切さについて気づいていませんでした。むしろ、②課題解決力や③論理的コミュニケーション力といった、いわゆる「ポータブルスキル」（どこでも普遍的に必要になるスキル）を重視していました。

しかし、課題解決力と論理的コミュニケーション力を教えても、受講者によって伸びる人と伸びない人に差が出てくることに気づきました。

そこで、伸びない人たちを観察すると、ある傾向が見てとれるようになりました。

彼らの多くは「会社は何かを与えてくれるもの」ととらえているのです。そのような受講者と対話をすると、経営者や上司の悪口がたくさん出てきます。彼らの基本的な姿勢は「他責」（悪いのは他人の責任）であって、主体的に「何を実現したいのか」の「自責」（自分の責任で考える）の意志が見えないのです。

私は研修の設計を根本的に見直し、「自己基盤力」の強化を研修プログラムに入れるようにしました。

私の研修は、期間育成を基本にしており、1日で完結することはありません。3か月～半年ほどの期間に、複数の研修科目を入れて、学んだ内容を必ず中間課題で実践させ、そして次回の研修の際に振り返りを行うことで、PDCAサイクルを回す仕組みを取り入れています。

そして、研修の初日と、最終日にアンケートをとるのですが、「自己基盤力」を研修設計に入れるようになって、「自分の将来像が具体的に描ける」「5年後に、今の組織で活躍している姿を想像できる」「今この組織で何をやりたいかが明確である」「自分自身の能力に自信を持てる」など、自己基盤力に関わる評価が目に見えて向上しました。

①自己基盤力は、②課題解決力と③論理的コミュニケーション力の基盤となる力ですから、ここを疎かにすると、その後の学習は砂上の楼閣となり、頭でっかちの理屈だけの評論家になってしまう恐れがあります。

逆に、①自己基盤力を強化した上で、②課題解決力と③論理的コミュニケーション力を強化すると、主体的に課題解決を推進できるビジネスパーソンに変貌します。

①自己基盤力では、どのように自分自身の人生を振り返り、自分の人生に誇りと自信を持ち、そして未来の目的を設定していくのかの具体的な方法論をお伝えします。

あなたのそもそもの目的のために、何をどのように解決するのか？
――②課題解決力

次に、①で明らかにした「自己基盤」に対して、組織で置かれた状況を加味し、適切に課題を設定し、その課題に対する対策をどのように導くのか、論理的な頭の使い方をお伝えします。人は、いったん課題を設定すると、それを解決するためのアイデアを、思いつきで考えて実行してしまいがちです。

しかし、思いつきでは、再現性が低く、「当たるときもあれば外れるときもある」「仮に当たったとしても、表面的な対策になってしまい、効果が続かない」ことになりかねません。

したがって、②課題解決力では、頭で汗をかくほど考え抜くことで、論理的思考力を徹底的に鍛えます。

ただし、外資系コンサルファームが教えるような「課題解決力」は、横文字や難解な言葉が多く、「頭のよい人たちが頭のよい人たちに向けて考えた方法論」です。「ロジック・ツリー」「MECE」「ピラミッド構造」「帰納法・演繹法」「Why so／So what?」等々、1つひとつは大事なツールなのですが、どれもパッチワークで、では、具体的にどのように課題を設定し、解決策を導くためにどのような順番で、どのような頭の使い方をしたらよいのか？　となると、一般の会社に勤めている人で、実際に使いこなせている人は非常に少ないのが現実です。

研修で受講生に対して「ロジカルシンキング」に苦手意識を持っているかどうかを聞くと、8割ぐらいが手を挙げます。「ロジカルシンキングは小難しいもので、実務には使えないもの」「頭のよい人たちが使うもので、自分には縁のないもの」だと誤解しているようです。

本書では、課題設定から対策まで導く流れを、大きく「Why（目的）」「How（どのように）」「What（何を）」の3つのフローに落とし込んだ上で、それぞれのポイントを、極力難しい言葉を使わずに解説していきます。

ビジネス上の課題解決には、必ず「相手」が存在する。

――③論理的コミュニケーション力

課題解決を進めるためには、周りを巻き込んで進めていく必要があります。その際に必要となる力が「論理的コミュニケーション力」です。

三菱商事で働き始めたときは私も、たくさんの報告書や稟議書を書かされました。そのたびに先輩に添削をしてもらうのですが、いつも赤ペンで真っ赤に添削されて返ってきたものです。先輩とのやり取りで覚えていることがあります。それは、次のようなものです。

先輩「山本君、君の文章は論理的じゃないから、伝わりづらいんだよなぁ…」

私　「すみません！　ご指導ありがとうございます！　『論理的に伝える』とは、どういうことでしょうか？」

先輩「それはな、つまり『ロジカルに伝える』ということだよ」

私　「分かりました！　では、『ロジカルに伝える』とはどういうことでしょうか？」
先輩「それはな、『論理的に伝える』ということなんだ…」

嘘のような本当の話です。
そのとき私が思ったのは、「『ロジカルに伝えるとは何か』を体系的に整理して、チェックリストを作ることができれば、誰でもロジカルに伝えられるし、どんな上司でもロジカルについて適切な指導ができるのではないか」ということでした。
そこで、総合商社で泥臭く働いていた経験、研修会社でロジカルを学び教え続けた経験、そして独立して多くの中小企業の人材育成支援に携わった経験を踏まえ、「ロジカルに伝える」とは何か？をたった5つのポイントにまとめました。この5つのポイントを押さえるだけで、誰でも論理的に分かりやすく、自分の考えを相手に伝えられるようになります。

少しだけ補足すると、コミュニケーションにおける「ロジカル」と「感情」を、対立的なものとしてとらえていませんか。後ほど詳しくお伝えしますが、この2つは対立するものではなく、**「感情」が土台にあって、その上に「ロジカル」があると**考えるべきです。

なぜなら、どんなに論理的に相手を言い負かしたとしても、相手が感情を害している状況では、相手はこちらの思う通りに動いてくれません。表面的に論破しても、裏でボイコットしたり、手を抜いたり、場合によっては妨害工作もされかねません。

論理的コミュニケーションの目的は、あくまで課題解決です。こちらが立案した課題解決策を適切に進めるためのものですから、相手の感情を害して、相手を動かせなければ、何の意味もありません。

したがって、「論理的に伝える力」では、相手の目線に立って、感情についても配慮して、相手を動かすにはどうすればよいかを説明します。

それでは、順に進めていきましょう。

第1部

自己基盤力

第1章

他己承認から自己承認へ

あなたの原動力は、他人からの承認？
それとも自分自身からの承認？

かつて三菱商事で働いていた時代の私は、承認欲求が強かったという話をしました。他人からの評価が自分の目標であり、同僚が出世すれば妬み、自分が失敗すれば、劣等感に苛まれていました。

承認欲求には、実は2つあります。

1つは、他己承認欲求。もう1つは、自己承認欲求です。

他己承認欲求が、他者からの承認を求めるのに対して、**自己承認欲求とは、自分自身で主体的に目的と目標を設定し、それを乗り越えることで、自分自身から承認されたいという欲求**です。

とはいえ一般的に、「承認欲求」というと「他己承認欲求」を思い浮かべる方が多いのではないでしょうか。

けれども他己承認欲求で生きている限り、常に他人と比較し、他人との競争の中で生きることになります。たとえば、ＳＮＳでキラキラした写真を見ると嫉妬したり、自分の充実した生活を誇示するためにキラキラする写真を投稿して満足感を感じたりするのも、他己承認欲求の表れでしょう。

こうなると、他人が仲間ではなく、競争相手となってしまいます。その状態では、かつての私のように、他人の失敗を喜び、成功を妬むようになり、大変生きづらい人生になります。他人の生き方に左右され、主体性が失われてしまいます。

一方で、自己承認欲求が強いと、自分が設定した目標ですから、他人の評価は関係ありません。他者は、自分の目標の達成をサポートする支援者となります。自己承認欲求が強い人は、人生を前向きにとらえることができるようになります。

自己基盤力が強い人とは、自分自身の生き方に自信を持ち、自ら人生や仕事の目標を設定し、それを前向きに乗り越えようとする意欲の高い人間、すなわち自己承認欲求の高い人間ということです。

では、承認って何？　褒めること？
自己承認って、自分で自分を褒めること？

「承認」という言葉は、かなり世の中に浸透してきたように思いますが、若干誤解されて広まっているとも感じます。

私の尊敬する剣道の師匠に、ニューヨークシティ剣道クラブの片岡昇先生がおります。片岡先生は50年前に単身で渡米されて、ニューヨークで道場を開いた方で、アメリカ剣道界のパイオニア的な先生。明るく、人間的にも魅力に溢れた方です。

片岡先生が来日されたときに、私は近所のお寿司屋さんにお連れしたことがありました。会計の際、片岡先生は店員の女性にこうおっしゃいました。

「いやー　今日のお寿司は本当に美味しかった、ありがとう！」

何気ない言葉で、あまり気にも留めていなかったのですが、次回そのお寿司屋さんを私1人で訪れた際に、片岡先生の言葉の威力を実感しました。

馴染みのお寿司屋さんではあったのですが、それまで、その店員さんとお話しすることはありませんでした。ところが、次回訪れたとき、店員さんから「先日はありがとうございました。以前いらした剣道の先生はお元気ですか？」と話しかけてきてくれたのです。片岡先生の何気ない一言で、店員さんとのコミュニケーションが生まれたのです。その日から、そのお寿司屋さんに行くたびに会話が生まれ、その日のいいネタを教えてくれたり、ちょっとしたサービスをしてくれたりするようになりました。

私は「承認」を**「他人のあるがままを価値あるものとして尊重・受け入れ、そしてそれを言動で表すこと」**と定義しています。

前半の「他人のあるがままを価値あるものとして尊重・受け入れ」は、まさに「承認」の意味そのものですが、ここでは後半の**「言動で表す」**を強調しておきたいと思います。

日本人は「以心伝心」という言葉に代表されるように、相手に伝えることが苦手な国民です。コミュニケーションだけでなく、ビジネスでも「よい商品をつくればお客さまは分かってくれる」と思いがちです。けれども、せっかくよい商品をつくっても、そのよさが伝わらなければ、その商品のよさは、世の中には「なかったもの」同然です。

それと同じで「自分はこんなに相手に感謝している」とどんなに思っていても、それが

相手に伝わらなければ、
相手にとっては「何も感謝されていない」のと同じこと。

言動にするのはそんなに難しくありません。ただ自分の感謝を「ありがとう」と言葉で伝えればよいだけです。同僚に会ったら、相手の目を見て「おはよう」と笑顔で挨拶すればよいだけなのです。片岡先生のように「美味しい」と感じたら、素直に「美味しい！」と相手に伝えればよいだけなのです。

よくある誤解は、「承認」を学んだ上司や親が、部下や子どもを急に「褒める」ようになることです。

「褒める」と「承認」は同じものだと誤解されがちですが、実はこの両者は概念としては全く違うものです。この違いを理解すると、他己承認欲求と自己承認欲求の違いを理解し、自己承認欲求の高め方のヒントになりますので、少し説明させてください。

子どもの教育を例にとって考えてみると、分かりやすいと思います。

たとえば、小学生の子どもが、お母さんを手伝おうと、率先してお皿洗いをしてくれました。お母さんは、次のような2通りの言葉を子どもに投げかけます。

A「〇〇ちゃん、お皿を洗うなんて、偉いわね！」

B「〇〇ちゃん、お皿を洗ってくれて、ありがとう！　とても助かったわ！」

このAとBの違いがお分かりいただけましたでしょうか？

Aは、子どもを褒めていますよね。この**「褒める」という行為、実は暗黙のうちに上下関係が内在されているの**のです。このケースだと、お母さんが上の立場で、子どもを評価しているわけです。

一方で、Bは、子どもに対して「感謝」していますよね。**この感謝には、上下関係は一切関係ありません。**純粋に、子どもの行動に対して感謝し、「ありがとう」という感謝の言葉を伝えています。


会社員同士だと、よくこういう会話がないでしょうか？

「いやー、同期の○○、ほんと優秀だよなぁ……」

この表現は、同期の○○さんを褒めてはいますが、実は承認はしていないのが分かりますか？

この表現には、「あいつの優秀さが分かる俺はあいつよりもっと優秀」という自己顕示欲や「本当は俺だって……」という嫉妬心、人によっては「どうせ俺は優秀じゃないし……」と自分を卑下する心が隠されている場合もあるかもしれません。


私も「承認」＝「褒める」と勘違いしていた時期がありました。クライアントに「どんどん褒め合う文化をつくりましょう！」とアドバイスすると、一時的に「承認の文化」が広がるように見えるのですが、どうも表面的なコミュニケーションになってしまって、すぐに元の木阿弥になってしまうのです。

子どもの教育においては、「褒める」のではなく「承認」することが、子どもの「自己承認欲求」を高め自己基盤力を強化する上で重要になります。**「褒める」が強すぎると、子どもは「褒められたい」という他己承認欲求が強くなり、他己承認を行動の原動力としてしまいます。**ちょうどかつての私のように。

片岡先生の例で言うと、片岡先生は決して褒めてはいません。自分自身の感想を感謝の言葉で述べただけです。

感謝の気持ちを、きちんと言動で示すこと。

それが「承認」です。

他己承認欲求を強化するだけの褒め方
自己承認欲求に応える褒め方

では「褒める」が全てＮＧなのかと言うと、そういうことでもありません。「承認」の上で「褒める」ことは必ずしも悪いことではありません。しかし、「褒め方」には注意すべきポイントがあります。

発達心理学者のエリザベス・ハーロック博士は、１９２５年に「やる気」について、ある実験を行いました。（注１）

その実験では、子どもを３つのグループに分けて、５日間にわたって計算テストを受けさせました。グループＡは結果にかかわらず、できたところを褒める。グループＢは結果にかかわらず、できていないところを指摘する。グループＣは何もしない。

その結果、グループＡは５日間連続で成績が向上、グループＢは最初の２日間は成績が向上したものの最後の3日間で失速、グループCは2日目だけ少し成績が向上し、3日目からは大きな変化はありませんでした。

このことからも、「褒める」には成果を高める効果があることが分かります。これを**「エンハンシング効果」**と言います。

しかし、「褒め方」を間違えてしまうと、他己承認欲求を強めてしまうことに注意が必要です。

「褒め方」について行われた、もう1つの実験が興味深いです。

スタンフォード大学の心理学教授であるキャロル・S・ドゥエック博士は、アメリカの400名以上の子どもたちを対象に次のような実験を行いました。(注2)

その実験では、ある問題を解かせ、2つのグループに分けました。

グループAは「能力」を褒め、グループBは「プロセス」を褒めたのです。

グループAの子どもたちには、「頭がいいわね！」、グループBの子どもたちには「一生懸命努力したんだね！」という具合です。

1回目の問題を解かせた後、子どもたちに新しい問題を見せて、「新しい問題に挑戦するか」「同じ問題をもう一度解くか」、どちらかを選ばせるという実験を行ったところ、2つのグループの間で明確に違いが表れました。

能力を褒めたグループは、新しい問題を避け、同じ問題を解こうとする傾向が強くなったのです。新しい問題にチャレンジした結果失敗して、自分の能力を疑われるかもしれないとの恐怖心から、安全な選択肢を選んだのだと考えられます。

一方で、プロセスを褒められた生徒たちは、なんとその9割が、新しい問題にチャレンジするほうを選んだそうです。

「能力」を褒めると、明示しなくても他者との比較が行われます。その結果、他人との優劣がつくことを恐れ、「他己承認欲求」が傷つくことを無意識に恐れてしまいます。

一方で、「プロセス」は他人との比較ではなく、その人独自の取り組みに焦点が当たります。その結果、自分そのものが承認されたという感情が強まり、「自己承認欲求」が強まるのです。

つまり、「褒める」ときは、以下の3つに注意します。

①能力や結果ではなく、その人独自のプロセスを褒める
②他人との比較を行わない
③特に、他人の前で、結果や能力を褒めない

③は、違和感を抱く人もいるかもしれません。一般的に「褒めるときは人前で、叱るときは個別で」と言われます。

しかし、この「他己承認欲求」と「自己承認欲求」の違いが分かると、**他人の前で能力や結果を褒めると、褒められた本人は優越感を、他人は劣等感を感じ、「他己承認欲求」を強めてしまう危険性がある**ことが分かります。

昔、あるクライアントで不動産販売会社の経営者の方がいらっしゃいました。その方は、社員同士の仲がよくなく、お互いを支え合わない組織風土になっていることに問題意識を持っていました。「どうしたら、もっと助け合う風土になるのでしょうか？　私はこんなにたくさん社員の仲をよくするために努力しているのに」とおっしゃるのです。

その会社では、毎年1週間、海外のリゾート地に社員と家族を招いて慰安旅行を行っていました。そして、その旅行で、その年の1年間の営業成績の発表を行い、優勝者に賞品を与え、社長が褒めちぎるのです。社長としては、精一杯社員同士の仲を深め、そして「承認」して社員の自信を強めようと頑張っていたのです。しかし、結果的にその社長の行っていることは、社員の「他己承認欲求」を強め、社員同士を競争相手にすることでした。

翌年から、その営業成績発表会は中止し、代わりに、その1年間で行った新たな取り組みを発表する会に切り替えました。そして、その取り組みに関わった全ての社員1人ひとりの行動やプロセスを社長が紹介し、順位をつけることなく、関わった全員に記念品をあげることにしました。

その結果、社員同士に協力する雰囲気が生まれ、翌年から社員同士が自発的にプロジェクトを立ち上げ、連携して様々な取り組みをするようになりました。

特に人前で部下や子どもを褒めるときは、他者との比較を避けるためにも、能力や結果ではなく、その人独自の「プロセス」を褒めるようにしましょう。

自己基盤力を高めるために、まずやることとは？

少し脇道にそれてしまいましたが、2つの承認欲求や、ご紹介した2つの心理学実験から、自己基盤力を高めるためのポイントが見えてきます。

①自分自身で主体的に目的と目標を定めること
②今ある結果ではなく、自分自身の過去辿ってきた「プロセス」に注目すること
③以上を通して、他人の評価に左右されず、自分で自分の人生を意思決定すること

とはいえ、自分自身の目的と目標は、いきなり「考えろ」と言われて、出てくるものではありませんよね。

そこで、まずは、**自分自身の歴史を振り返り**、そこから何を感じ、何を学んだのか、1つひとつを言語化していってみましょう。

そのことで、今の自分を形づくっているものが何か見えてきます。

その歴史の集積である自分自身の延長として未来の目的と目標を考えることで、「自分は何のために生きているのか」「何のために働いているのか」が具体的に見えてくるのです。

そう、自分の未来のために、過去を見るのです。
過去の持つ意味を知るのです。

では、どのように自分の歴史を振り返ればよいのか、具体的に考えていきましょう。

それは「事実」ですか？
あなたの「解釈」ですか？

突然ですが、質問です。

2日前の晩御飯に何を食べましたか？

この質問に、スラスラ答えられる人はほとんどいません。研修でこの問いかけを行うと、受講者の9割は頭を抱えます。

たった2日前のことなのに、どういうことなのでしょうか？

人間はそもそも「忘れる生き物」なのです。自分にとって意味のない出来事を全て覚えているほど、人間は賢くありません（というより、賢いから、意味のない出来事を全て覚えていたりしないのかもしれません)。

それにもかかわらず、子どものときの記憶が残っているって、すごいことではないですか？

ほんの些細なことなのに、なぜか覚えていることもあるでしょう。

私は子どものころ、とにかく優柔不断でした。

近所のスーパーに翌日の遠足のお菓子を買いに行ったときのことです。お菓子売り場の前で何を買おうかずっと迷って、迷うこと4時間……結局何も買わなかったことを、今でも覚えています。大した思い出でもないのに、なぜか鮮明に覚えているんですね。

たった2日前の晩御飯すら忘れるのに**今でも覚えている過去の記憶は、全て自分の人生に何らかの意味がある**ことなのです。

自分を理解するためには、まずは過去の事実を思い出せる限り思い出して、それぞれが今の自分にとって、どんな意味を持っているのかを言語化していきましょう。

さて、「まずは過去の事実を思い出せる限り思い出して」と書きました。

では、そもそも「事実」とは何でしょうか？

ここで問題です。

次の5つの選択肢の中で、「事実」はいくつあるでしょうか？

①アイスコーヒーは冷たい
②孫正義氏はお金持ちである
③キムタクは格好いい
④新幹線は速い
⑤春は暖かい

全部がそれなりに「事実」っぽいですよね。研修で挙手してもらうと、「これは事実だ」「いや、それは違う」と議論が盛り上がります。では、どれが「事実」でしょうか？

結論を急ぐ前に、「事実」を定義してみましょう。

「『事実』とは、100人が100人、意見が一致する事柄である」

このように定義すると、実は①～⑤は全て、意見が割れている時点で、「事実」ではなくなります。

では、これらは何なのか？　と言うと、全て「解釈」になります。全て、人によって「解釈」が異なる可能性があるのです。

①アイスコーヒーは冷たい↓飲み始めて1時間経ったアイスコーヒーはすでにぬるくなっているのでは？
②孫正義氏はお金持ちである↓イーロン・マスク氏からすると、お金持ちではないのでは？
③キムタクは格好いい↓友人の木村卓三君のあだ名はキムタクだけど、彼は格好よくないぞ
④新幹線は速い↓プライベートジェットのほうが速いよ
⑤春は暖かい↓いや、シンガポールの春は暑い

それぞれが「解釈」なので、人によって意見が異なり得るということです。

「解釈」は、意味をよく分かっていなかったり、思い込みだったりする可能性もあります。したがって、「解釈」は「事実」でしっかり支えて具体的に言語化する必要があるのです。

では、「事実」と「解釈」、どちらが重要でしょうか？

それは、圧倒的に「解釈」です。

なぜならば、「事実」とは所詮全員の意見が一致するものであり、それ自体には何の付加価値もないのです。むしろ、その**「事実」を基に、自分自身が何を感じ、考え、学んだのか？　という「解釈」のほうが１００倍重要**なわけです。

この「事実」と「解釈」の違いは、非常に重要なことですので、また折に触れて復習したいと思います。

第2章

ライフライン・チャートをつくってみよう

自分を理解するために、ライフライン・チャートをつくってみよう

「事実」と「解釈」の違いを理解したところで、本題の自己基盤力の話に戻しましょう。

すでに、現時点で覚えている全ての「事実」は、「自分にとって意味のあるもの」だとお話ししました。その「意味」というのが、まさに「解釈」にあたるものです。

したがって、自分自身の自己基盤を理解するためには、ご自身が生まれてから今に至るまで、できる限りたくさんの「事実」を洗い出し、その「事実」が、今の自分にとってどんな「意味」を持ち、学びになっているのか？　という「解釈」を1つひとつ言語化していくことが役に立ちます。

1　自分の人生にとって印象に残っている「事実」を書き出そう！

自分の人生にとって印象に残っている「事実」をできる限り書き出して、その「解釈」（感じたことや、今の自分自身への学び等）を言語化していきましょう。

最近になればなるほど、覚えている出来事の意味が薄れてきますので、最近の出来事についてては、ある程度取捨選択してかまいません。

2　その「事実」に数値をつけよう！

人が気づきや学びを得るときというのは、人生が暗転して落ち込んだとき、そして、そこから這い上がったときです。自分自身の人生の浮き沈みを可視化するために、自分の人生の盛り上がり度合いを、主観的でよいので、数値化して表現します。

たとえば、中学生時代は部活に打ち込み、友人に恵まれ、充実していたのなら80、高校受験に失敗し、挫折を経験し、荒れた高校生活を過ごしていたなら、マイナス50のように。

こう指数を設定することで、自分がどんなときにモチベーションが上がり、どんなときに下がるのか、自分を動機づける要因が見えてきます。

このように自分の人生を一本の線で表した図を「ライフライン・チャート」と言います。

たとえば、次は、私のライフライン・チャートのごく一部です。一部と言っても、かなり書き込んでいますが……。

解釈（今の自分への学び）
興味を持った分野は、一度立ち止まって、「なぜ興味を持ったのか」を深掘りして、取り組んでみること。目の前のやることに捕らわれるのではなく、「将来のありたい姿」を見据えて取り組んでみることで、目的意識を持った行動をとれる。
「他人からどう見られるか」ではなく「自分がどう生きるのか?」をしっかり固めること。「他己承認」は真のモチベーションにならない。「他己承認」が強いと、「失うことの恐怖」で体と心が固まる。目の前の成果を追い求めるのではなく、「やるべきことをやって、あとは全力を出し切るだけ」というマインドが最終的に成果に繋がる。「組織運営は、リーダーがメンバーに思いを伝えると同時に、メンバーの「思いも尊重すること。特に、部活は私物ではなく、みんなのため組織。所属するメンバーの幸せを考えた組織運営をすること。
当時は大学合格が目的化してしまっていた。それはそれで大事なのだが、大学に行って何をしたいのか? 突き詰めて考えていなかったと思う。仮に子供が出来たとしたら、その先にある「ありたい姿」まで考えさせる教育をしたい。
自分が目指した目標に対して何をなすべきか。常識や世間体を気にせずに、自分で考えて、一心不乱に取り組むこと。
何事も自然体。努力は必要だが、自分らしさを忘れずに生きる事。「人気者になりたい」「人から好かれたい」は邪心である。自分らしく生きれば、自分の生き方に共感してくれる人が自然と集まってくるもの。
⋮

年齢	指数	事実
15	0.7	受験勉強。初めて勉強に本気で取り組む。当時は経済学に興味を持っており、今でも税金の直間比率の授業をよく覚えている。経済は今でも興味ある分野だが、その後あまり勉強をしなかったのはちょっと勿体なかった。都立高校に合格したが、当時早稲田や慶応を目指している同級生のレベルの高さを見て、「俺はこいつらには叶わない」と感じる。
16	0.8	剣道部に入部。副部長になり、めちゃくちゃ練習を厳しくする。ついていけない同期が数名離脱。今思えば、独りよがりな運営だった。部員 の意見を聞き、「どういう部活を作り上げたいのか」みんなで考えながら、引っ張っていくべきだった。当時は「強くなりたい」「試合に勝ちたい」という気持ちが強すぎた。それも、「他人から認められたい」という他己承認欲求から来ていた。最後の引退試合では、私が大将で、「引き分ければチームが勝って都でベスト16」という大事な試合で、体が固まって2本負けしてしまった。最後の最後で体が動かなかったのは「負けることが怖い」という恐怖に負けてしまったから。
17	0.8	
18	1.2	受験勉強。高校のすぐ隣にある一橋に何となく憧れる。部活に熱中していたこと、高校受験で有名私立高に行った同級生のレベルの高さを見ていたので、普通に勉強していてはとても現役では受からない。そこで、高校2年生から学校の授業を完全に無視し、参考書を研究して自分で勉強を始める。予備校も、通学の時間が無駄だと感じ、一切行かなかった。勉強も、私立対策は一切せず、一橋の受験対策だけに取り組む。最初は学校の成績が一気に落ちたが、結果的に高校目3年生の後半で一気に学力が伸びて一橋に合格。
18	1.2	私の高校は3年間クラス替えがないのだが、高校3年生の時に突如人気者になる。高校2年生まではクラスメートはみんな部活が中心なのだが、3年生になると、クラスメートと過ごす時間が増える。私はあまり目立つタイプではないのだが、ちょっとした発言や行動が面白いらしく、自然体でいるだけで、不思議とみんなが笑ってくれる。受験が あるとはいえ、部活から解放されて、心身がリラックスしたことも影響しているのかもしれない。(実は入学したばかりの頃に高校デビューをしようと思って、ちょっとだけイキってたことがあったのだが、空回りしてしまって、クラスで一瞬浮いてしまったことがあった。それ以降クラスでは目立たぬようにしていた)
		⋮

3　ミッション、ビジョン、目標、バリューを言語化してみる

丁寧に書き出していくうちに、自分はどんなときに動機づけられるのか、どんな自分でいるときがいちばん生き生きしているのか、そもそもどんなことをしたいと思っていたのかが、少しずつ見えてくると思います。

それらを、最終的に次の項目に分けて、言語化します。

①自分は何のために生きているのか？　そして、働いているのか？（ミッション）

②中期的に自分の「ありたい姿」は何なのか？（ビジョン）

③1年後に自分の「ありたい姿」は何なのか？（目標）

④自分のミッション・ビジョンを実現するために大切にしている価値観は何か？（バリュー）

⑤自分自身の人生やキャリアを振り返って、自分自身の「強み」「自分らしさ」は何なのか？

昨今、会社経営において、「ミッション・ビジョン・バリュー」がかなり普及してきました。ミッションとは、その会社の存在意義や使命、ビジョンとはミッションを達成するための戦略や道筋、バリューとは、会社全体の行動規範です。

たとえば、グーグルのミッション・ビジョン・バリューは以下です。(注3)

・ミッション

世界中の情報を整理し、世界中の人々がアクセスして使えるようにすること

・ビジョン

ワンクリックで世界の情報へのアクセスを提供すること

・バリュー

1　ユーザーに焦点を絞れば、他のものはみな後からついてくる。

2　一つのことをとことん極めてうまくやるのがいちばん。

3　遅いより速いほうがいい。

4　ウェブ上の民主主義は機能する。

5　情報を探したくなるのはパソコンの前にいるときだけではない。

6　悪事を働かなくてもお金は稼げる。
7　世の中にはまだまだ情報が溢れている。
8　情報のニーズは全ての国境を越える。
9　スーツがなくても真剣に仕事はできる。
10　「すばらしい」では足りない。

このようなミッション・ビジョン・バリューがあるからこそ、社員はその会社で働く社会的な意義を感じ、バリューにしたがって意思決定し、会社の方向性をぶらさずに進んでいくことができます。

同様に個人でも、**「ミッション・ビジョン・バリュー」を設定することによって、自分自身の人生の目的と目標を意識し、自分が主体的に意思決定し、「自己承認欲求」を満たしながら生きることができるのです。**

ライフライン・チャートについては、就活や転職活動での自己分析ツールとして活用されることが多く、実際に書いた経験のある方も多いと思います。

ただ、一般的に広まっているライフライン・チャートの書き方では、表面的にグラフを書いて、その場で思いついた「事実」と「解釈」を混同し、あまり深い分析にならないことが多いようです。

大事なことは、「事実」に対して自分が与えてきた「解釈」です。

「事実」を思い出しつつ、その「事実」に対する自分なりの「解釈」をじっくり考えること。そして、それらを含めて、最終的に自分自身の「ミッション・ビジョン・バリュー・自分らしさ」を言語化することです。

私のホームページから自由にフォーマットをダウンロードできるようにしてありますので活用してください。

ＵＲＬ：https://2econsulting.co.jp/download

思い出したくないことばかりだから、ライフライン・チャートなんて書きたくない？

ライフライン・チャートを効果的に作成するためのもっとも重要なことをお伝えしておきます。それは、**「どんな嫌な過去、辛い過去も、前向きに向き合う」**ということです。

生きていれば、1つや2つ、誰でも嫌な過去、辛い過去があると思います。いじめの被害にあった方もいるでしょうし、逆にいじめた側になって、自分の悪事を思い出したくない人もいるでしょう。

でも、どんな過去であっても、それらがあったからこそ、今まさにこの本を手にとって読んでいる、あなたがいるわけです。

「自分はもっとこんな人生を歩んでいたらよかったのに……」という後悔は、何も意味を持ちません。なぜならば、そのような仮定の人生など、この世に存在しないからです。あるのは、過去の歴史と、今の自分自身だけです。そして、未来をつくるのは、今の自分自身なのです。

したがって、どんなに辛い過去でも、正面から向き合って、そこから自分は何を感じ、何を学んだのか「解釈」を見出していきましょう。そうすることで、辛い過去があったから、今の存在があるのだと理解できます。

以前、私がコーチをしていた、ある経営者の方がいました。私はコーチをする際、必ずこのライフライン・チャートを書いてもらっています。コーチングは未来を切り開くプロセスですが、未来像を具体化するためには、過去の自分を振り返り、自分自身を理解する必要があるからです。

その経営者の方にもライフライン・チャートを書いていただいたのですが、若い時代の3年間に空白期間がありました。コーチングの際、彼はその3年間、実は刑務所に服役されていたことを告白されました。正直に話すべきか悩んだそうですが、私は自分の過去をしっかり見つめ直し、正直に過去を打ち明けてくれたことに、感謝の言葉を伝えました。

過去に犯した過ちは消せるものではありません。しかし、彼はその過去を乗り越えたからこそ、今、立派に経営者としてビジネスができているのです。どんな偉人だろうと、一般人だろうと、犯罪を犯した人であろうと、その人の過去に価値の優劣は一切ありません。とはいえ、この作業は時に痛みを伴うものです。だからこそ、私のようなカウンセラーが寄り添って話を聞きます。そうやって**過去を今の視点で見つめ直すことで、自分の過去を客観視し、克服する**のです。

過去の自分と真正面に向き合うことで、過去を前向きなものとしてとらえ直すことができます。辛い過去も楽しい過去も、全てを含めて今の自分を形づくっていることを心から受け入れることができるのです。

これはつまり、「解釈」が変わるということです。

「事実」は1つですが、そこからの「解釈」は変わります。辛かった過去が、嫌いだった過去の自分が、今の自分に繋がる貴重なものに変わってくるのです。

あなたの「過去」が変わるのです。

子どものときに観た「つまらないなぁ……」と思っていた映画が、今観ると奥深く感動的なものに感じられることがありますよね。様々な経験を経て、同じ映画という「事実」でも、自分が感じる「解釈」は変わってくるのです。

ですから、ライフライン・チャートは一度書いたら終わりではなく、折に触れて振り返り、何度も書き直していきましょう。**書けば書くほど、新しい「事実」が思い出されたり、自分の新しい「解釈」が出てきたりします。**

このように、自分の過去を振り返り、辛い過去を克服し、自分自身が何者か、そして未来の「ありたい姿」は何か、を言語化することを通して、自分自身の生き方に自信を持ち、他人の評価によって自分を満たす「他己承認欲求」を乗り越えていくことができます。

そして、主体的に目的と目標を定め、他人を仲間として受け入れ、自分自身の人生を主体的に生きる「自己承認欲求」の世界で生きることができます。

これが、私が知る限り唯一の、自己基盤力を強化していく方法です。

自己基盤力とは自己肯定感のこと。あなたは、自己肯定感を誤解していない？

私の尊敬する野球選手にイチローさんがいます。彼の高いプロ意識や主体性は、スポーツ選手でなくても、大いに勉強になるでしょう。そのイチローさんが、自己肯定感について、以下のようにインタビューで語っています。（注4）

「自己肯定感という言葉、目にしたことなかったです。イメージですけど、すごく気持ち悪い言葉です。自分を肯定するのは僕はすごく抵抗があります。僕の場合は疑問符をつけてます。自分がやったこと、やろうとすることに。これが強い人ってストレスフリーで楽しそうに仕事みたいな感じですか？（中略）人が最悪になるときって、自分が偉いって思ったとき」

多くの方々が、自己肯定感をこのように理解しているのかと思い、ちょっと悲しくなりました。私は、自己肯定感と自己基盤力は、ほぼ同義であると理解しています。「自己を肯定する」とは、決して「自分を偉い」と勘違いしたり、自分のできていないことを認めないことではありません。

自己肯定感が強い、つまり自己基盤力が強い人は、自分の歴史を克服し、自分自身の生き方に強い自信を持ち、他己承認ではなく自己承認で生きている状態の人です。

このような人は、決しておごり高ぶらず、むしろ謙虚であり、他人に対して優しくできるのです。「自分を偉い」と勘違いし、それを誇示する人間はむしろ自己肯定感が低い、すなわち自己基盤力が弱い人間なのです。

さて、ここまで「自己基盤力」の高め方についてお伝えしてきました。次章では、「自己基盤力」を基に目的を定め、目的を達成するための対策を考え抜く「課題解決力」の身につけ方をお伝えします。

出典

注1　子どもの発達と育児　エリザベス・B・ハーロック 松原達哉 他　誠信書房　1968
注2　マインドセット「やればできる！」の研究　キャロル・S・ドゥエック 今西康子 訳　草思社　2016
注3　Google社のミッションとバリュー
https://about.google/?hl=ja
https://about.google/philosophy/?hl=ja
注4　イチロー氏とのインタビュー記事、デイリー(2023年12月閲覧)
https://news.yahoo.co.jp/articles/c7098e14147465db418b458005503285fdaaf098

第2部

課題解決力

第1章

問題解決と課題解決

「問題」じゃない！　「課題」だ！

自己基盤が強化されると、今度は主体的に目的と目標を設定できるようになります。

では、どうしたら、目的を具体化し、目標を定め、そしてその目標を達成するための道筋を論理的に考えていくことができるようになるのでしょうか？

前章ではマインド面に焦点を当てましたが、本章では、論理的（ロジカル）思考に焦点を当てて、課題解決力について学んでいきましょう。

ところで、本書では最初から「課題解決力」と言っていること、つまり「問題解決力」ではなく、「課題解決力」としていることにお気づきでしたか？

「問題」と「課題」をどのように使い分けていますか？　ちょっと考えてみてください。

「問題」と「課題」の構造

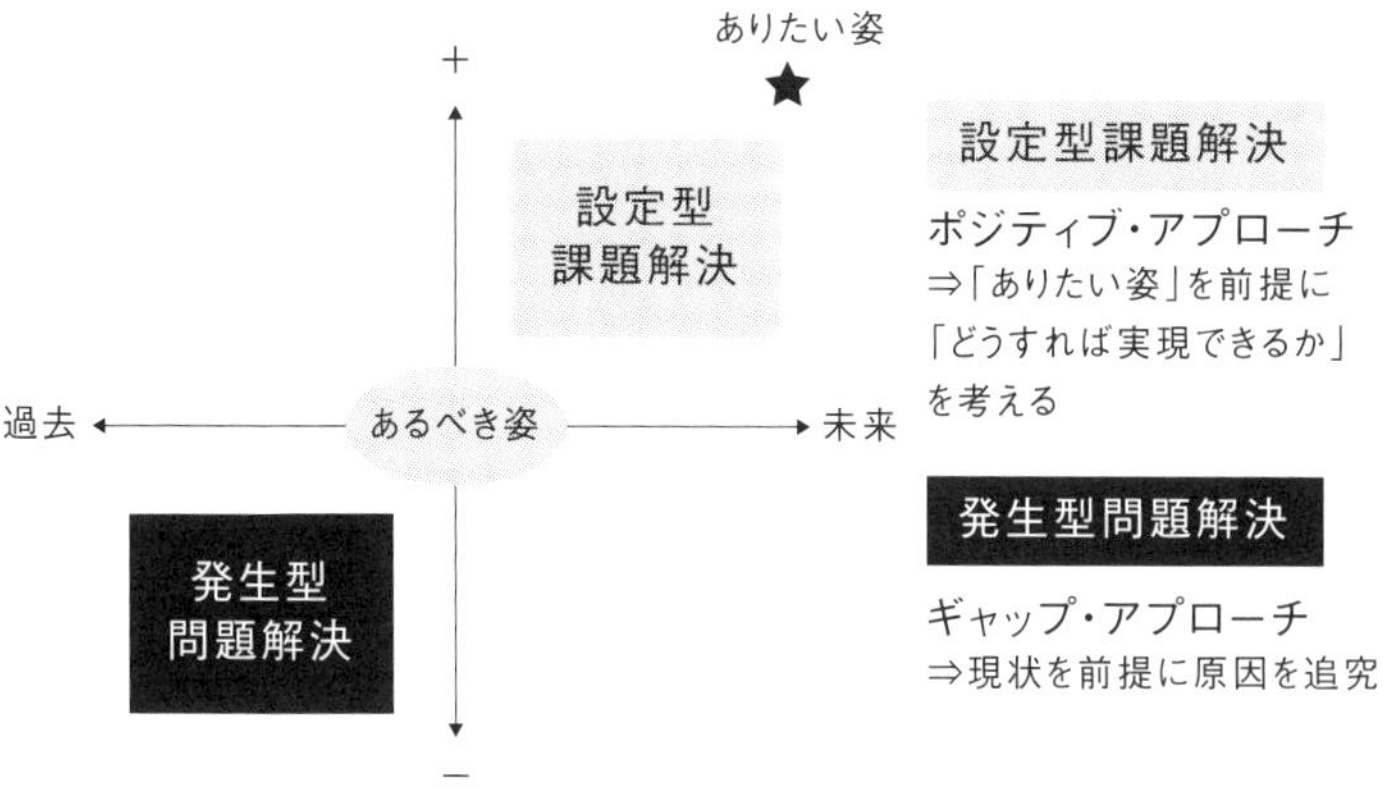

上の図のように横軸に時間、縦軸に水準を取って整理することで、「問題」と「課題」の違いを定義してみましょう。

すなわち、**「問題」とは過去に何か原因があって、本来「あるべき姿」からマイナスに凹んでしまっている状態**。すでに発生しているという意味で「発生型」と呼べます。

「課題」とは、自ら主体的に「ありたい姿」を設定することで初めて明らかになる「現状」と「ありたい姿」とのギャップです。自ら主体的に設定しないと明らかにならないので「設定型」と呼ばれることもあります。

「問題」と「課題」から考える組織の4パターン

	問題	課題
①希望に燃える組織	×	○
②疲弊している組織	○	×
③低迷する組織	×	×
④成長する組織	○	○

こうして「問題」と「課題」を整理すると、企業／組織には、四つの種類があることが分かります。

①夢と希望に燃えている企業

スタートアップが該当します。立ち上げたばかりなので、「問題」は発生しておらず、設定した「課題」を達成すべく、夢と希望に燃えています。

②疲弊している企業

スタートアップも、しばらくするとたくさんの「問題」に直面します。そうすると、未来の「課題」が見えなくなり、目の前に発生している「問題」だけに追われていきます。多くのスタートアップは、この状態に陥り、そして市場から撤退していきます。

③低迷する企業

変化の少ない市場や、ある程度十分な利益を上げていて、経営陣に危機感のない企業が該当します。「課題」もなければ、「問題」もない。社員全員が、言われたことを言われた通りにやるだけの企業です。この状態の企業は、ゆでガエル状態になり、やがて市場から撤退していきます。

④成長する企業

目の前で発生している「問題」にもしっかり対処しながら、夢と希望を持って自ら「課題」を設定し、「課題」の解決に向けて取り組んでいる企業。この企業が持続的に成長し、市場を引っ張っていきます。

こうしてみると、実は**「成長する企業」というのは、「問題」も「課題」も盛りだくさん**なのです。

自分たちの組織は、「問題」と「課題」を切り分けて、両者をバランスよく対処できているのか、振り返ってみましょう。

この**「課題」と「問題」の違いは、人生を生きる上でも同じように当てはまります。**目の前の「問題」にだけ追われていると、疲弊していきます。「問題」も「課題」も忘れてしまって、毎日何となく過ごしていると、環境の変化についていけず、人生がただ過ぎ去ってしまいます。「自己基盤力」を強化し、**主体的に課題を設定して**生きていきましょう。

余談になりますが、このように「言葉の違い」を意識することは、意識を変えていく上で、非常に重要です。

フランスでは、「蝶」と「蛾」は同じ「パピヨン」という言葉で表されます。つまり、フランス人にとっては、「蝶」と「蛾」という区別に意味や重要性がないのです。

一方で、私たち日本人は「蝶」と「蛾」を明確に区別しています。昼間に可憐に舞う蝶と、夜の帳（とばり）とともにどこからともなく現れる何となく不吉な蛾に、重要な意味の違いを感じているからこそ、「蝶」と「蛾」を使い分けているのでしょう。

ところが、実は江戸時代以前までは、どうやら日本でも「蝶」と「蛾」は区別されていなかったとも言われています。それが、イギリスから入ってきた博物学が、蝶(Butterfly)と蛾（Moth）を分類していたことから、「蝶」と「蛾」を区別するようになったようです。つまり「蝶」と「蛾」の言葉の区別ができた後に、「蝶」と「蛾」の意味の違いを認識するようになったのです。

日本人の多くは「肩こり」に悩んでいますが、フランス語にはそもそも「肩こり」という言葉は存在しません。以前日本で働くフランス人と話をした際に、**「『肩がこる』という言葉を知って、肩がこるようになった」**と話してくれました。

このように、**言葉の違いを明確に意識することで、自分自身の意識も変わっていく**のです。「問題」と「課題」の違いを言葉として意識することで、目の前の「問題」に追われるだけでなく、未来を見据えた「課題」にも意識的に取り組めるようになります。

「課題解決」のアプローチと「問題解決」のアプローチの小さくて大きな違い！

「課題解決」は、「ありたい」姿から逆算して「どうやって解決するか？」を検討します。このアプローチを、**「ポジティブ・アプローチ」**と言います。

対して、**「問題解決」は、「あるべき」姿から、悪さをしている原因を見つけます。**このアプローチを**「ギャップ・アプローチ」**と言います。言い換えると、

「どうやって実現するのか？」と未来志向で検討する「課題解決」と、「なぜ問題が発生しているのか？」と過去思考で検討する「問題解決」です。

論理的には、「どうやって？」と「なぜ？」はコインの裏表であって、実は同じです。

たとえば、「なぜ水漏れが発生しているのか？」と過去に焦点を当てて「問題」としてとらえると、「元栓が緩んでいるから」と原因分析になります。これを「どうやって水漏れを発生しないようにするのか？」と未来志向でとらえると「元栓を締める」となります。「元栓が緩んでいる→だから水漏れが発生している」は過去に焦点を当てて原因分析しており、「元栓を締める→そうすると水漏れが発生しない」は「どうすればできる」と未来に焦点を当てていますが、A→Bという論理は同じ繋がりなのです。

ということはつまり、

> **世の中に「問題」と思われていることも、未来志向でとらえると「課題」としてとらえることができる**

ということです。

たとえば、「異性にもてない」ととらえると「問題」ですが、「将来結婚するために異性にもてるようになりたい」と未来志向でとらえれば「課題」となります。

では、何を「問題」としてとらえ、何を「課題」としてとらえればよいでしょうか。

ボトルネック型は問題解決（なぜなぜ）独立型は課題解決（どうやって）

たとえば、A、B、C、Dという4つの工程があって、本来の生産能力は100としましょう。ところが、実績を調べると、A、Bまでは生産能力の100を発揮できているのですが、Cになると、とたんに80に落ちていたとします。そうすると、Cの工程に何らかの「問題」が発生していそうです。

このようなときに、いくらAとBの能力を引き上げても意味はありません。「Cはなぜ実績が生産能力の通りに発揮できていないのか？」と「なぜなぜ」分析をしていくことで、ボトルネックを発見し解消していくことができるのです。

「問題解決」を全社で徹底しているトヨタの営業利益率が、他の自動車メーカーを圧倒しているのも、「なぜなぜ」分析が全社で徹底されているからでしょう。

このように、**「何かがボトルネックになっていて、そこを改善しなければ全体が改善しない」事象を「ボトルネック型」**と呼び、**「ボトルネック型」は、問題解決的アプローチである「原因分析」が有効**になります。

一方で、たとえば「A君はもっと女性にもてたい」と思っていたとします。女性にもてるための要素としては、トークを磨く、女性に優しくする、ファッションセンスを磨く、ダイエットする等、たくさんあります。これらは、どれかがボトルネックになっているというよりも、それぞれを磨いたら、いずれも効果はありそうですね。

たとえば「トーク力がボトルネック」であれば、ダイエットをしても、ファッションセンスを磨いても、どうにも女性にもてるようにはなりません。しかし、今回はそうではなさそうです。このように、**1つひとつの要因が独立しているものは「独立型」**と言います。**「独立型」は基本的には「課題解決」的アプローチで解決**していきます。

ただし、「独立型」でも、「問題解決」的アプローチが必要な場面もあります。

それは、短期的にとりあえずネガティブ要素を解消して、成果を上げたいときです。原因分析は、すでに発生している過去のネガティブ要因を挙げればよいので、「課題解決」的アプローチよりも対策が見えやすくなります。

たとえば、「女性にもてたい」と思っているのに、いかにも外見が不潔だなどと、原因がはっきりしているときは、いったん原因を深掘りして対策を打ち、**マイナスをゼロに持っていく「問題解決」的アプローチ**は有効になります。

ただし、独立型において、いつまでも「原因分析」ばかりして、ネガティブ要因を取り除くことだけに集中していては、短期的には成果が上がっても、ゼロからプラスに持っていくことはできません。

たとえば、「A君がもてない」という問題に対して「なぜなぜ分析」をしてみましょう。「イケメンではない」「トークがつまらない」「ファッションがださい」「年収が低い」「背が低い」「暗い」「清潔感がない」……1つひとつは「確かにその通り」かもしれません。でも、これらの原因を1つひとつ潰したとしても、A君は平均点以上の魅力的な男性にはならないでしょう。また、「なぜなぜ」をして、A君のダメポイントをたくさん挙げた

「問題」と「課題」の使い分け

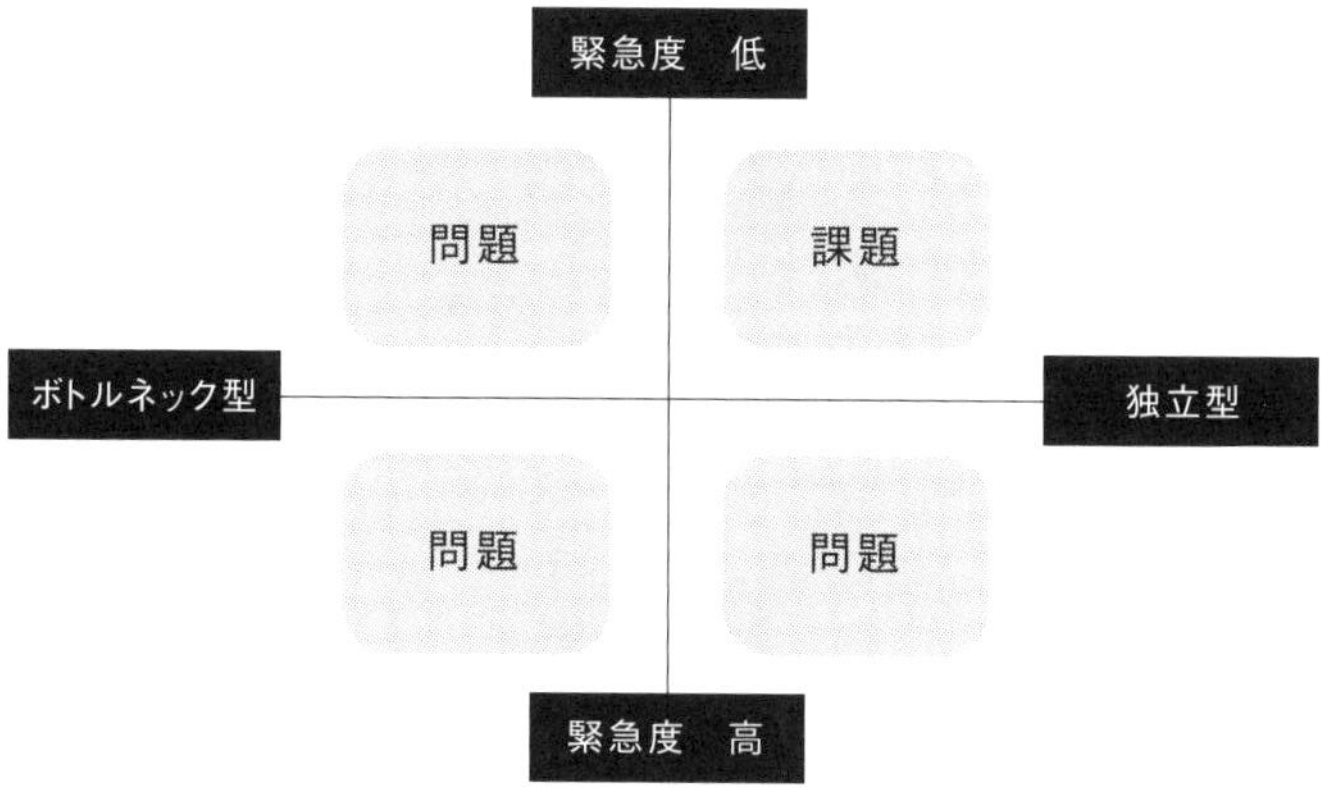

としても、A君はひどく落ち込み、おそらく問題解決の意欲をなくすでしょう。

それよりも、たとえば「A君の素朴さをアピールするにはどうしたらよいか？」「A君のよさを伝えるためのトークスキルを磨くにはどうしたらよいか？」など、あえてネガティブな面をそのままにして、ポジティブを引き出すアプローチのほうが、A君のよさを引き出して差別化ができるような気がしませんか。

「なぜなぜ」分析は、どうしてもネガティブな部分に焦点を当てがちなのですが、現実のビジネスでも、**あえてネガティブを放置して、ポジティブな面に焦点を当てたほ**

うが前向きな解決策が出てくることが少なくありません。

実は、ある結果の原因を正確に特定することは、思いのほか困難です。製造業の生産工程のようにプロセスが明らかな場合は、原因と結果の関係は見えやすいでしょう。しかし、なぜ、社員の士気が落ちているのかなど、定性的な結果の原因を特定するのは至難の業なのです。

「なぜなぜ」分析が有効なのは間違いありません。ただし、使う場面が限定されるということは理解しておく必要があります。

ボトルネック型は問題解決（なぜなぜ）、独立型は課題解決（どうやって）、独立型でも緊急性を要し、原因が明らかなものは問題解決（なぜなぜ）と覚えておきましょう。

欧米では、子どもの頃から、学校で課題解決の手法を学んでいる！

改めて、「課題解決の手法」を学ぶ意義について考えてみましょう。

思えば、生まれてから、「課題解決」の連続だったと思います。受験勉強、就職試験、ダイエット、友達づくり、恋人や配偶者との関係改善、子どもの教育……人生は様々な課題を乗り越えていく営みとすら言えます。

けれどもプライベートの世界では、あまり「課題解決の手法」を学ぶことはありません。課題解決の手法を学ぶのは、多くの場合、社会人になってからでしょう。

社会人になってから「課題解決の手法」を学ぶのはなぜかと言えば、プライベートの世界と異なり、ビジネスでは、「責任の重さ」が圧倒的に重いからです。

「責任」は、「結果責任」と「説明責任」に分けられます。

ビジネスは、プライベートよりも影響範囲も広ければ影響の深さも圧倒的に深い。極論すれば、関係する人たち（上司部下、同僚、取引先、ベンダー、取引先のさらにその取引先など）の生活や人生に影響を与えます。その意味で、「結果責任」が重いと言えます。

また、関係する人たちが多いということは、課題解決を進める際、様々な利害関係者に納得してもらい、動いてもらう必要があるということです。また、課題解決が終わって、無事結果が残せたとき、または残念ながら、思うような結果が残せなかったときも、利害関係者に「なぜ結果が残せたのか」「残せなかったのか」を「説明」し、次のビジネスに活かす必要があります。

社会人は、この「結果責任」と「説明責任」の双方において、「課題解決の手法」を身につけている必要があります。

この「課題解決の手法」は、「結果責任」という意味では、先人たちがたくさんの課題解決をする中で見出した、「こういう流れで考えれば、効果のある解決策を導くことができる」という「基本の型」を身につけ、再現性のある課題解決をするためのものです。

「説明責任」という意味では、自分だけが分かる独自の考え方で「課題解決」を考えても、なかなか周りの人たちは理解してくれませんから、誰でも理解できる「基本的な型」を用いて相手に伝えることで、周囲の人々に自分の課題解決を理解してもらい、納得して動いてもらうためのものです。

ここでは、「問題」と「課題」を分けて定義しておりますので、「課題解決」という言葉を使っておりますが、前述のように「なぜ？」と「どうすれば？」は論理的にはコインの裏表なので、「課題解決」も「問題解決」も大きな流れは同じです。したがって、これからご紹介する方法論は、「課題解決」だけではなく「問題解決」にも応用できます。

日本では「課題解決」や「問題解決」をビジネス以外で学ぶ機会はほとんどありませんが、欧米の教育システムにおいては、「課題解決」「問題解決」の考え方が、子どもの頃から教え込まれます。たとえば、私が駐在していたシンガポールの小学校では、ある社会課題を見つけ、それに対してどのように解決するのか、生徒同士で徹底的に議論させ考えさせます。

なぜなら、**「課題解決の手法」を身につけることは、ビジネスの世界だけではなく、人生を生きていく上でも非常に役に立つ**からです。

考えてみれば、「責任の重さ」の軽重はあるかもしれませんが、適切に課題や問題を解決し、周りに説明する能力は、ビジネスだけではなく、プライベートでも重要です。たとえ影響の範囲は狭くても、プライベートの問題は、場合によってはビジネス以上に、個人にとっては重要ではないでしょうか。

本書は、ビジネスに留まらず、普遍的に人生を充実して前向きに生きていくための方法論をお伝えしたいと思っています。仕事だけでなく、プライベートで悩みを抱えている方も、ご自身の課題解決や問題解決に応用してみてください。

それでは、次から具体的に課題解決の流れを考えていきましょう。

第2章

課題解決の2W1Hと、基本的な流れを知る

課題解決は、Why?→How?→What?の順番で、矢印が繋がるように！

さて、地域に根差したハンバーガーショップ「モグバーガー」の山田社長から**「顧客満足度を上げたい！　どうしたらよいか？」**と相談されました。どのように答えますか？

ここで、よくこの手の会議で発せられる発言をいくつか挙げてみます。

話題アニメとのコラボキャンペーンを実施しましょう
割引クーポンを配信しましょう
健康・ヘルシーメニューを開発しましょう
接客マニュアルをつくりましょう
顧客からの認知度を向上させてはどうでしょうか？

割安感を演出してはどうでしょうか？
健康に悪いというイメージを払拭してはどうでしょうか？
接客のレベルを向上させてはどうでしょうか？
顧客満足度の中でも、どこを具体的に向上させましょう？
いつまでに顧客満足度を向上させますか？
そもそも、なぜ顧客満足度を向上させるのですか？
顧客満足度とは、具体的に何ですか？

ではこれらのよくある回答例を、３つにグルーピングしてみましょう。

グループ①
話題アニメとのコラボキャンペーンを実施しましょう
割引クーポンを配信しましょう
健康・ヘルシーメニューを開発しましょう
接客マニュアルをつくりましょう

こちらのグループは、要するに**具体的な「対策」**ですね。つまり、「何を」を示します。本書では、分かりやすく英語で**「Ｗｈａｔ」**と呼びます。

しかし、「Ｗｈａｔ」を決めようにも、本当にその「Ｗｈａｔ」が効果的かは分かりません。せっかく「対策」を打っても、場合によっては空振りになる恐れもあります。

したがって、**「Ｗｈａｔ」を決める前に、その課題を解決するための「構造」を明らかにする必要があります。**それがグループ②です。

グループ②

顧客からの認知度を向上させてはどうでしょうか？
割安感を演出してはどうでしょうか？
健康に悪いというイメージを払拭してはどうでしょうか？
接客のレベルを向上させてはどうでしょうか？

こちらのグループ②は、顧客満足度を向上させるための「構造」を明らかにしています。構造は「顧客認知度を上げるにはどのようにしたらよいか？」のように**「どのように」**

と掘り下げていきます。したがって、このグループを本書では、英語で**「How」**（どのように？）と呼びたいと思います。すると、無数の構造を構成する要素が思い浮かびますよね。接客、味、清潔さ、立地、メニューの構成、ブランドイメージ……。

しかし、そもそも山田社長の言う「顧客満足度」とは何を指すのでしょうか？　顧客満足度調査のアンケート結果？　利益？　売上？　客数？

また、「顧客満足」を定義できたとして、**そもそもなぜ顧客満足度を上げないといけないのでしょうか？**　そこで、次のグループになります。

グループ③

顧客満足度の中でも、どこを具体的に向上させましょう？

いつまでに顧客満足度を向上させますか？

そもそも、なぜ顧客満足度を向上させるのですか？

顧客満足度とは、具体的に何ですか？

これらのグループは、そもそも「なぜ」その課題を解決したいのか、目的を定めていますね。したがって、本書では、このグループを「Ｗｈｙ」（目的）と呼びます。

「課題解決」をするにあたっては、まずはこの「Ｗｈｙ」（目的）から始まり、「Ｈｏｗ」（構造）→「Ｗｈａｔ」（対策）の手順を踏むのが、「正しい型」になります。

これを分かりやすく図で示すと、左のようになります。

「課題解決」は、「Ｗｈｙ?」（目的）→「Ｈｏｗ?」（構造）」→「Ｗｈａｔ?」（対策）の順番で！

ＷｈｙからＷｈａｔまで、全て1本の線で繋がっていることにも注目してください。

この「線が繋がっている状態」を「論理的」というのです！

課題解決の流れ

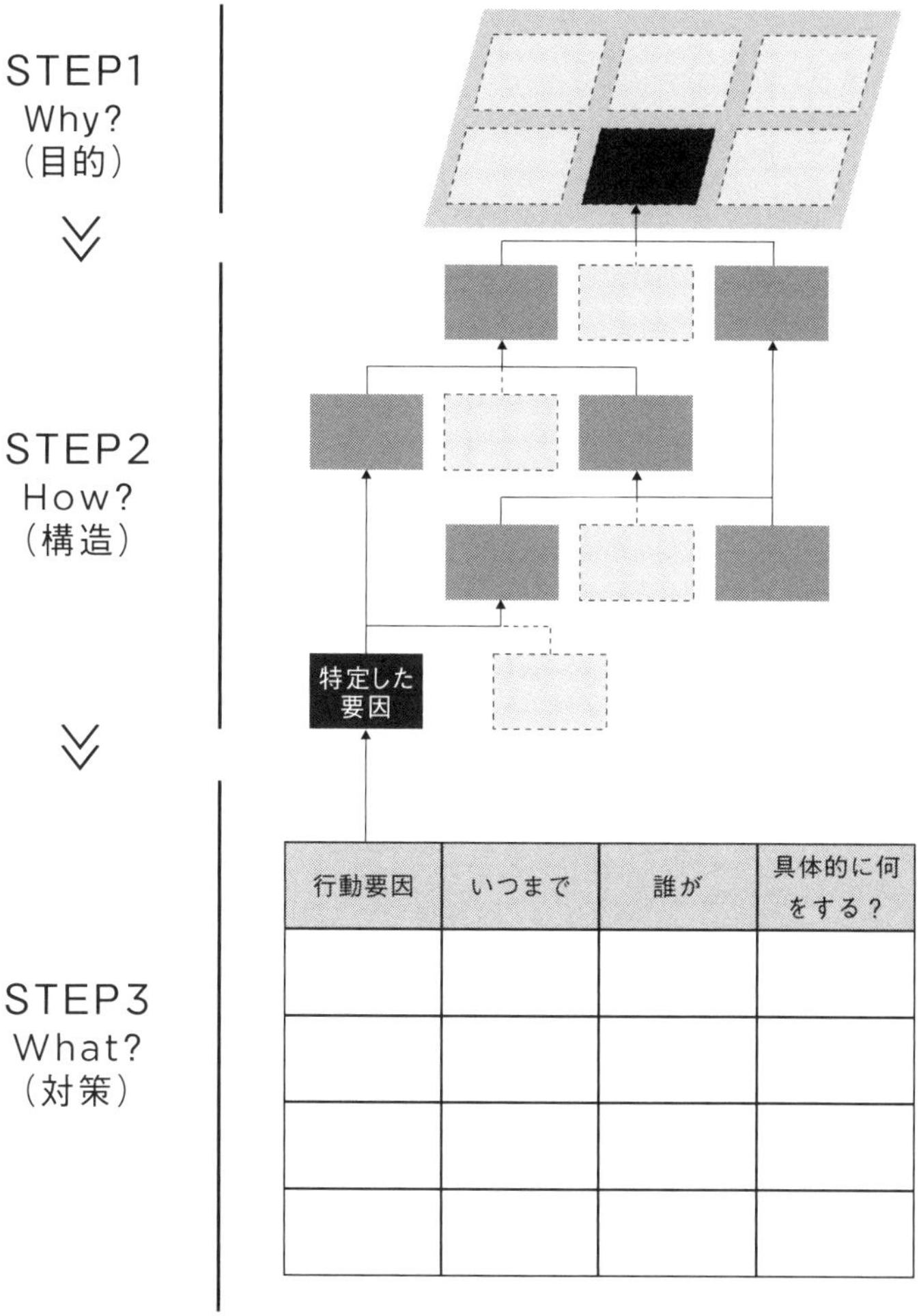
STEP1
Why?
(目的)
STEP2
How?
(構造)
特定した
要因
STEP3
What?
(対策)
行動要因
いつまで
誰が
具体的に何
をする?

Ｗｈａｔ型思考とＷｈｙ型思考を使い分けよう

人間は、その性質から、目の前に見えることについつい飛びついてしまう生き物です。「課題」を見失って、目の前で発生している「問題」にとらわれてしまうのも、この性質によります。

「課題解決」でも、ＷｈｙとＨｏｗを無視し、思いついたＷｈａｔ（対策）に飛びついてしまうと、効果の上がらない課題解決になる可能性が高くなります。

私は、このような思考を**「Ｗｈａｔ（何を）型思考」**と呼んで戒めています。逆に「そもそも？」と、常に「目的」を考える思考を**「Ｗｈｙ（なぜ）型思考」**と呼んでいます。

「Ｗｈａｔ型思考」を全て否定しているわけではありません。

たとえば、マニュアルに沿って何も考えずに行ったほうが効率がよい仕事もありますし、ミスをしたときのお客様への謝罪など、まずは何も考えずにすぐに実行することが重要な仕事もあります。

しかし、**本来はＷｈｙ型思考で考えるべき仕事を、Ｗｈａｔ型思考で考えてしまうと、本質的な課題解決に繋がらず、無駄骨になってしまいます。**

火事にたとえると、まずは**消化活動をすることがＷｈａｔ型思考**で、「処置」と言ったりします。一方で、防火活動をＷｈａｔ型思考で行うと、再発防止策に繋がらない可能性が高くなります。**防火活動はＷｈｙ型思考で**「そもそも」をじっくり検討しなければ、再発防止策に繋がりません。これを「処置」に対して「対策」と言ったりします。

重要なことは、日々の仕事にメリハリをつけて、

> 重要度の低い仕事はＷｈａｔ型思考で効率的に行い、
> 重要度の高い仕事はＷｈｙ型思考で時間を使って考えることです。

Ｗｈａｔ型思考の落とし穴

さて、人はそもそもの性質からしてＷｈａｔ型思考になりがちとお話ししましたが、Ｗｈａｔ型思考になってしまう理由は、他にもいくつかあります。

「なんとなく頑張っている感がある」

周りに「忙しい、忙しい」と口癖にしている人はいませんか。目の前の仕事を一生懸命こなしていると、なんとなく「頑張っている感」があります。特に若手だと、「あいつは若者らしく一生懸命頑張っているな」と評価されがちです（私がそうでした）。

しかし、Ｗｈａｔ型思考ばかりで仕事をしていると、どこかで成長が伸び悩みます。徐々に仕事ができるようになり、責任が重くなると、目の前の「やること」ではなく、未来を見据えて長期的に成果が上がるような仕組みづくりが必要になるからです。

「短期的には『やりがい』を感じる」

そして、Ｗｈａｔ型思考で毎日「忙しい、忙しい」と仕事をしていると、最初のうちは忙しいことそのものに満足します（私がそうでした）。

しかし、忙しさに追われていくと、徐々に疲れていきます。そしてあるとき、「俺は一体何をやっているんだろう……」と思うようになり、どこかで急速にモチベーションが落ちていきます。

Ｗｈｙ型思考で常に「目的」を見据えている人は、自己基盤が整っていますので、自分自身に自信を持って前向きに仕事に取り組めます。

その意味で、**Ｗｈｙ型思考人間になるには、まずは第１部で説明した「自己基盤力」をしっかり強化することが必要**になります。

Ｗｈａｔ型思考を助長する、上司の「Ｗｈａｔ型指示」

いきなり「何をやるか」を考える思考をＷｈａｔ型思考と定義しましたが、「何をやるか」しか伝えない指示を**「Ｗｈａｔ型指示」**と呼びます。

たとえば、先輩が後輩に「ポカリスエット買ってきて」とＷｈｙを伝えずに、Ｗｈａｔ型指示で依頼します。後輩はコンビニに行きました。でも、コンビニではポカリスエットは売り切れでした。後輩は「どうしよう、でもポカリって言ってたしな……」と悩んだ挙句、何も買わずに帰ってきました。先輩はこう怒ります。「なんだ、アクエリアスでも、なんならお茶でもよかったのに……」と。

この場面ですが、問題は２つあります。

１つは、先輩の指示が「やること」しか伝えていないＷｈａｔ型指示だったことです。

もし「外回りで汗をかいて水分補給がしたいから、ポカリ買ってきて」とＷｈｙ（目的）を伝えていれば、後輩は「水分補給が目的なら、アクエリでもいいか」と考えることができます。

２つ目の問題は、後輩が指示を受けたときに「そもそも、なんでポカリなんだ？」という思考を持てなかったことです。おそらく、日頃から上下関係が厳しく、上の指示が絶対的である組織風土になっていたのでしょう。

Ｗｈａｔ型指示は、部下のＷｈａｔ型思考を助長し、さらに組織全体がＷｈａｔ型思考に陥ってしまいます。

上司のように権力を持つと、部下はＷｈａｔ型指示でも自分の指示通りに動いてくれます。「明日までに資料つくっておいて」「データ取っておいて」「〜について調べておいて」など。しかし、このような指示は、結果として部下のＷｈａｔ型思考を助長することになり、上司が求めているアウトプットが出なくなり、その結果、上司は「この部下は使えない……」と不満を持ち、下は「あの上司の指示はよく分からない」と双方に不満が溜まる形になります。

What型思考とWhy型思考を使い分ける

What型思考と同様、What型指示が全てNGなわけではありません。緊急度が高い仕事の場合、What型指示でまずは「やること」だけを指示することもあるでしょう。そういうときでも、後から目的や背景を伝える、あるいは、緊急度が高いのでWhat型指示をせざるを得ない状況であることを伝える、などの配慮が必要です。

ではここで、緊急度と重要度を軸に、What型思考とWhy型思考を使い分ける基本をご紹介しましょう。

重要度を縦軸に、緊急度を横軸に取って、4つのグループをつくります。

What型思考とWhy型思考の使い分け

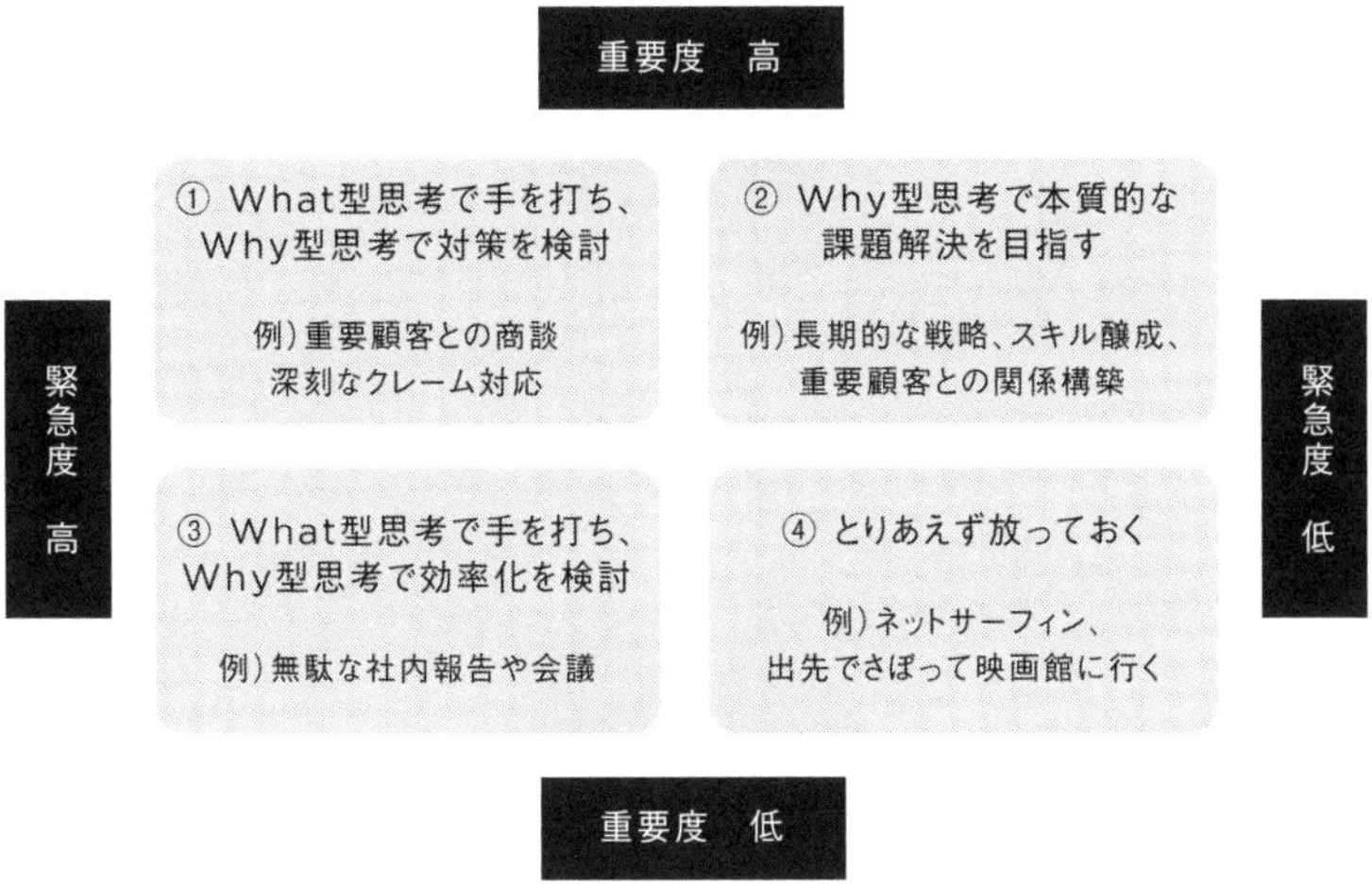
重要度 高
緊急度 高
緊急度 低
① What型思考で手を打ち、Why型思考で対策を検討
例）重要顧客との商談 深刻なクレーム対応
② Why型思考で本質的な課題解決を目指す
例）長期的な戦略、スキル醸成、重要顧客との関係構築
③ What型思考で手を打ち、Why型思考で効率化を検討
例）無駄な社内報告や会議
④ とりあえず放っておく
例）ネットサーフィン、出先でさぼって映画館に行く
重要度 低

①重要度も緊急度も高い

例：重要な顧客との商談、深刻なクレーム対応等

②重要度は高いが、緊急度は低い

例：長期的な戦略立案、スキル醸成、潜在的な重要顧客との関係構築

③重要度は低いが、緊急度は高い

無意味だがやらなければいけない社内報告、無駄な会議

④重要度も緊急度も低い

例：ネットサーフィン、出先でさぼって映画館に行く

このように分類すると、何をWhat型思考、何をWhy型思考で行うべきかが見えてきます。①から④の中で、真っ先に減らさないといけないものは何だと思いますか？

④がいちばん無駄だと思われそうですが、結論は実は③です。

④は、重要度は低いので無駄なのですが、緊急度も低いために精神的なストレスの負荷は小さいです。したがって、時間は無駄にはなるものの、それ以上のマイナスはありません。あまり④の比重が高いことは問題ですが、仕事には多少遊びも必要です。

一方で、③は重要度は低いくせに、緊急度は高く、その分だけ精神的な負荷が大きくなります。無駄な報告を上司に無理やり急いでつくらされるのって、めちゃくちゃストレスですよね。重要度が低いくせに緊急度が高い仕事は、個人や組織に与えるストレスが大きいため、最優先で効率化するか、なくす必要があります。

このような仕事は、まずはWhat型思考で時間をかけずにさばいてしまいます。

でも、このままでは③の仕事量が減らずに、ストレスが溜まり続けます。したがって、**この仕事を削減するために、Why型思考を使って、「効率化」を検討していきます。**

①「重要度も高く、緊急度も高い仕事」については、緊急度が高いために、まずはＷｈａｔ型思考でさばく必要があります。一方で、たとえば重要顧客のクレームなどは「なぜクレームが発生したのか？」という問題解決だったり、重要顧客との商談であれば「どうすれば商談の成功率を高められるのか」という課題解決だったりしますので、**Ｗｈｙ型思考でしっかり考えて対策を考えて**いく必要もあります。

そして、②「重要度は高いが、緊急度が低い仕事」は、長期的に成長する上で、もっとも重要な仕事でありながら、ついつい後回しにしてしまいがちなものでもあります。長期的な営業戦略とか、成長のための投資など、「今すぐ」やらなくてもよいことは「またいつか」と後回しにしてしまいがちです。**この象限は、本質的な課題解決を目指して、Ｗｈｙ型思考でしっかり考えていく必要があります。**

以上の通り、Ｗｈｙ型思考とＷｈａｔ型思考を使い分けて、効率的・効果的に仕事を進めていきましょう。

ＥＣＲＳの原則で、業務を効率化する

１１３ページの図の①〜④のうちで、まず取り組むべきは、重要度は低いが緊急度は高い③とお話ししました。③を放置すると、組織全体が疲弊していき、②の重要度は高いが緊急度は低い仕事に手を打てず、将来的に組織は衰退していくからです。

③の仕事を効率化するためには、ＥＣＲＳの原則を使います。

ＥＣＲＳ（イー・シー・アール・エス、またはイクルス）とは、

E（Eliminate：排除）……そもそもなくせないか？

C（Combine：結合）……まとめることで効率化できないか？

R（Rearrange：再配置）……入れ替えることで効率化できないか？

S（Simplify：単純化）……単純化することで効率化できないか？

と、E→C→R→Sの順番で無駄な仕事の効率化を検討するフレームワークです。

たとえば、無駄だと思われる社内会議をECRSの原則で効率化しようとすると、上の表のようになります。

ECRSの原則

順番	方法		例（無駄な社内会議の効率化）
1	Eliminate	排除	開催目的が明確でない／必要性が低い会議は排除
2	Combine	結合	似た目的の会議を1つにまとめる
3	Rearrange	再配置	スケジュールを効率的に再配置
4	Simplify	単純化	議題や参加者の絞り込み、時間の短縮

組織の中で洗い出した③の仕事は、このようにECRSの原則を活用し、効率化していきます。

効率化した上で、捻出した時間を、②重要度は高いが緊急度の低い仕事にあてていくことで、組織はモチベーション高く長期的な課題に取り組むことができるようになります。

What型指示を受けてしまったら……トゲなくWhyを聞く方法

会社員として働いたことがあれば、一度や二度、部下としてWhat型指示を受けたこともあるでしょう（これから入社する人は、今後、そのような指示を受けることになるでしょう）。その際、「この仕事の背景や目的は何だろう？」と疑問に思っても、「この仕事の目的は何ですか？」と聞くと、ちょっとトゲがあるような気がして、聞きにくいものです。日本語の「なぜそうするんですか？　何のためにそれをするんですか？」という質問は、ともすれば、裏側に「なぜそんなことをするんだ、しなくていいのに」「なんで私がやらなければいけないんだ、やりたくない」という批判が秘められていることが多いからです。

しかし、そのようなときは、自分の思い込みで相手のWhyを察することはせずに、勇気を出して「目的は何ですか？」と聞きましょう。そのとき、「目的を聞く目的」をきちんと説明すれば、トゲがある質問にはなりません。

たとえば、「先輩の期待に沿うためにも、最初に目的をしっかり理解したいと思います。このデータは、最終的にどのように使われるのでしょうか？」など、**「自分はしっかり仕事をして、上司に貢献したい」**という気持ちを見せれば、トゲがなくＷｈｙを聞き出すことができます。

もし私が上司だとして、このように質問をしてくる部下や後輩がいたら「この後輩、きちんと目的まで踏まえて仕事をしてるんだな。優秀だな」と思いますし、Ｗｈａｔ型指示をした自分を反省します。Ｗｈｙ（目的）を考えることは、課題解決のみならず、仕事全般においては最重要事項だと心得ましょう。

成功者は前提条件からではなく、強い信念から行動する

「ゴールデンサークル理論」を聞いたことはありますか？

ゴールデンサークル理論は、マーケティング・コンサルタントのサイモン・シネック氏が2009年のTEDトーク（あらゆる分野のエキスパートたちによるプレゼンテーションを無料で視聴できる動画配信サービス）で紹介した理論です。

彼は、スティーブ・ジョブズやマーティン・ルーサー・キング牧師、ライト兄弟などの**成功者たちが、資金力や技術力などの与えられた前提からではなく、強い信念（Why）から行動を起こしていた**ことを指摘しました。

シネック氏によれば、**優れたリーダーは「なぜそれをするのか」（Why）から始め、「ど**

うやってそれをするのか」（How）、最後に「何をするのか」（What）という順番で考えます。

彼はこれをゴールデンサークル理論と呼び、アップルの成功事例を通して説明しました。

通常の会社が製品をマーケティングする場合、「私たちのコンピュータは素晴らしいです（What）」と始め、「美しいデザインで使いやすくユーザーフレンドリーです（How）」と続け、「1台いかがですか？」と終わりますが、これではWhy（なぜそれをするのか）が存在しません。

対照的に、アップルは「現状に挑戦し、他者とは違う考え方をする。それが私たちの信条です」とWhyから始め、「製品を美しくデザインし、操作法をシンプルにし、取り扱いを簡単にすることで、私たちは現状に挑戦しています」とHowが続き、最後に「その結果、すばらしいコンピュータが誕生しました。1台、いかがですか？」とWhatで終わります。

どちらが顧客に響くのか、一目瞭然ですね。

ゴールデンサークル理論

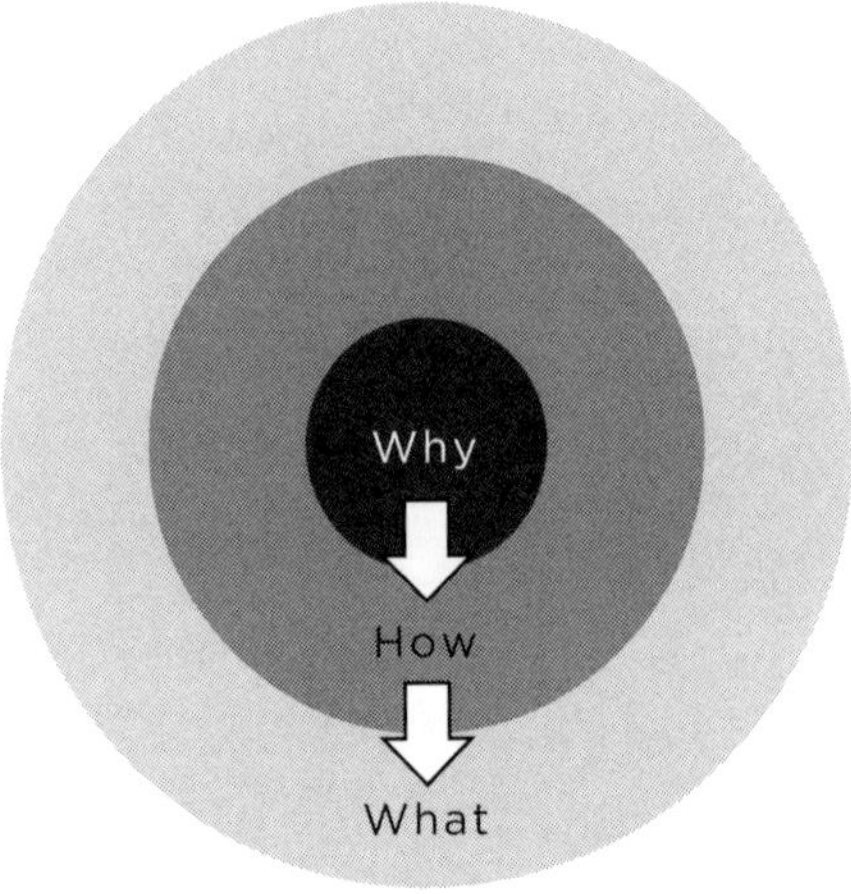

ゴールデンサークル理論は、マーケティングの世界で語られることが多いのですが、すでにお話しした課題解決の流れと実は全く同じです。

つまり、**Ｗｈｙから考えるからこそ、自分自身が信念を持って、モチベーション高く課題解決に取り組めます。**

また、誰かに自分の課題解決を説明するときも、ゴールデンサークル理論と同様、Ｗｈｙから説明することで、相手は共感を示し、動いてくれるのです。

課題解決の最初のステップは、Ｗｈｙ（そもそも、目的）でした。Ｗｈｙは「なぜその課題に取り組む意義があるのか」と目的を具体化していくステップです。

全ての課題解決は、必ずWhyから始めます。

では、Whyで具体的に課題を特定するプロセスから始めていきましょう。

第3章

ステップ1
Why

「ありたい姿」を具体的に定める

「課題」とは、「ありたい姿」と現状とのギャップ

突然ですが、一番右の写真の男性の「課題」は何でしょうか？

「筋肉をつけること」「精気をつけること」「身だしなみを整えること」「髪を手入れすること」……。いろいろありそうです。このままだと、人によって何が課題か、「解釈」が分かれそうですよね。

では、この真ん中の「ムキムキの健康オジサン」と比較するといかがでしょうか？

そうすると、「筋肉をつけること」「髪をさっぱりすること」「精気をつけること」等が課題になりそうです。

では、一番左の「写真」と比較したらどうでしょうか？

恥ずかしながら、右も左も私の写真です。少しはましになっていると思っていただかな

いと、説得力に欠けるのですが、要するに、課題は、「筋肉をつけること」ではなく、洋服のセンスや、髪の手入れなどだったということです。

つまり、何が「課題」なのかは、そもそも「ありたい姿」を具体的に定めないと、分からないのです。

「ありたい姿」を具体的に定め、現状と比較し、その現状と「ありたい姿」とのギャップが「課題」になります。

このギャップがあるからこそ、そのギャップが違和感となり、課題を解消しようというエネルギーが生まれるのです。

ビジネスをしているとよく起こるのが、この「ありたい姿」を具体的に定めずに、課題解決を進めていくことです。

たとえば、「組織の壁をなくして、風通しのよい組織」を「ありたい姿」として設定すると、その後の議論が具体的に進まなくなります。

そもそも「組織の壁」という比喩は何を指しているのか？

「風通しのよい」とはどういうことか？

「風通しのよい組織」をつくることで、一体何を目指したいのか？

メンバーによっていろいろ解釈の余地が出てきてしまう「ありたい姿」は、課題解決の際に全員が一致して取り組めない、達成度合いについてメンバー間の理解が一致しないなど、様々な問題が発生してしまいます。

「ありたい姿」は具体的に定めることが重要です。

コーチングを行っていると、「不安」を抱えた、たくさんのクライアントと出会います。

たとえば、先日シングルマザーで、派遣社員として働いている女性のコーチングを行い

課題の定義

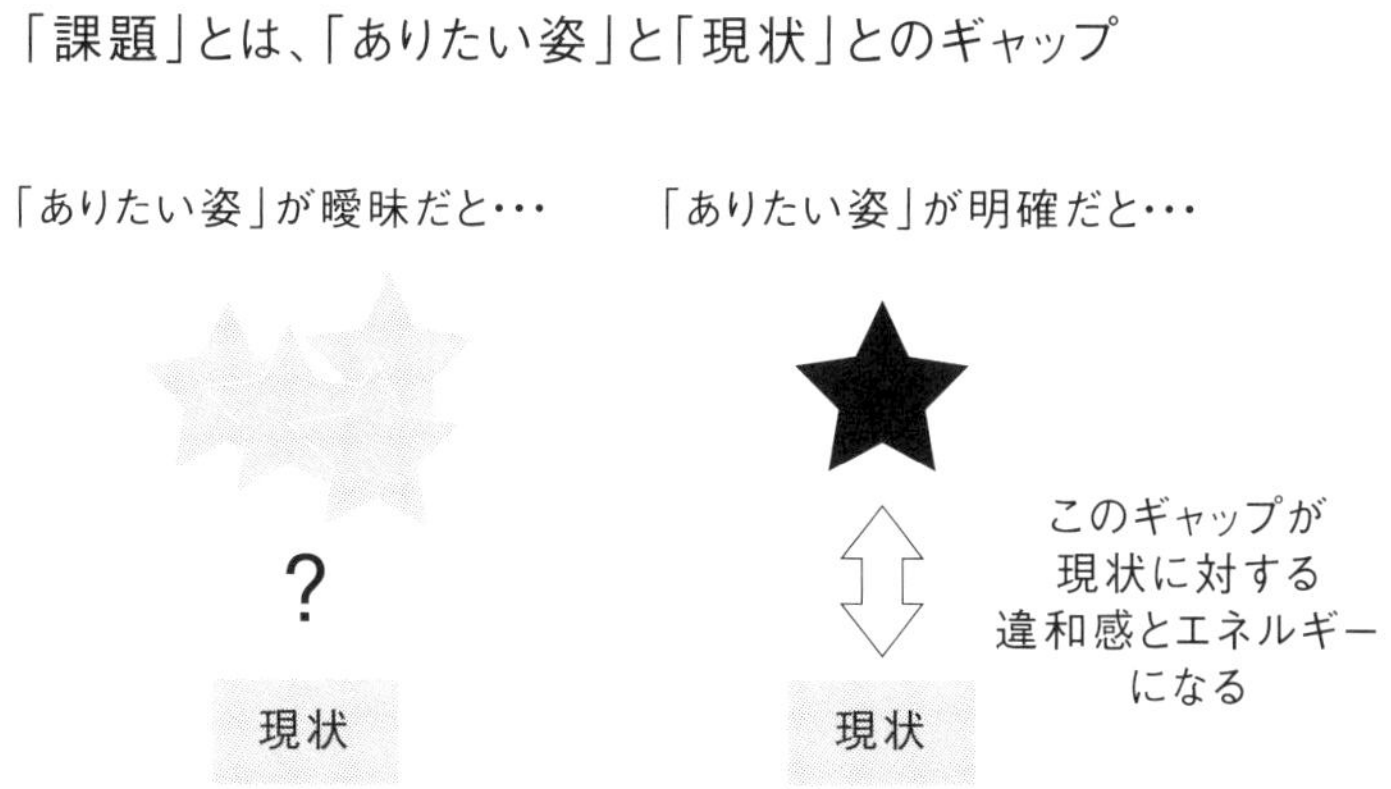
「課題」とは、「ありたい姿」と「現状」とのギャップ
「ありたい姿」が曖昧だと・・・
「ありたい姿」が明確だと・・・
?
現状
現状
このギャップが
現状に対する
違和感とエネルギー
になる

ました。その方は、子どもとの時間をしっかり取るために実家に戻り、正社員から、時間の融通が利く派遣社員になり、毎日9時〜17時で働いています。お話を聞くと、「今はよいが、将来経済的にやっていけるのか不安だ」とのことでした。

「不安」はネガティブなものと考えられがちです。しかし、私は「不安」を抱えているクライアントに対しては、**「不安は、人生をよりよく生きるための希望の種です」**とお伝えしています。なぜならば、「不安」を抱えているということは、将来の「ありたい姿」があって、その姿と現状にギャップがあり、どう解消したらよいか分からないということだからです。

「ありたい姿」を具体的に描くことで、そこへの道筋が見えてきます。

そうすると**「不安」が「希望」に変わっていきます。**もし漠然とした「不安」を抱えているのなら、ぜひ「ありたい姿」を具体的に描いてみましょう。

ちなみに、先ほどのシングルマザーのクライアントは、その後テレワークが認められる職場に正社員として転職し、収入も上がって、今は生き生きと働いています。

「ありたい姿」を定めるフレームワークWill/Can/Must

「問題」と「課題」の違いを説明し、課題設定には、主体的に「ありたい姿」を具体的に描くことが重要だとお話ししました。しかし、「ありたい姿を描きなさい」と言われても、「どうやるの？」と戸惑う方も多いと思いますので、「ありたい姿」を描くフレームワークとして、〈Will/Can/Must〉をお伝えします。

Will：意志。自分が心からやりたいと思えることは何か？
Can：自分らしさ。自分の持ち味、強み、特徴は何か？
Must：ニーズ。社会や顧客から求められているものは何か？

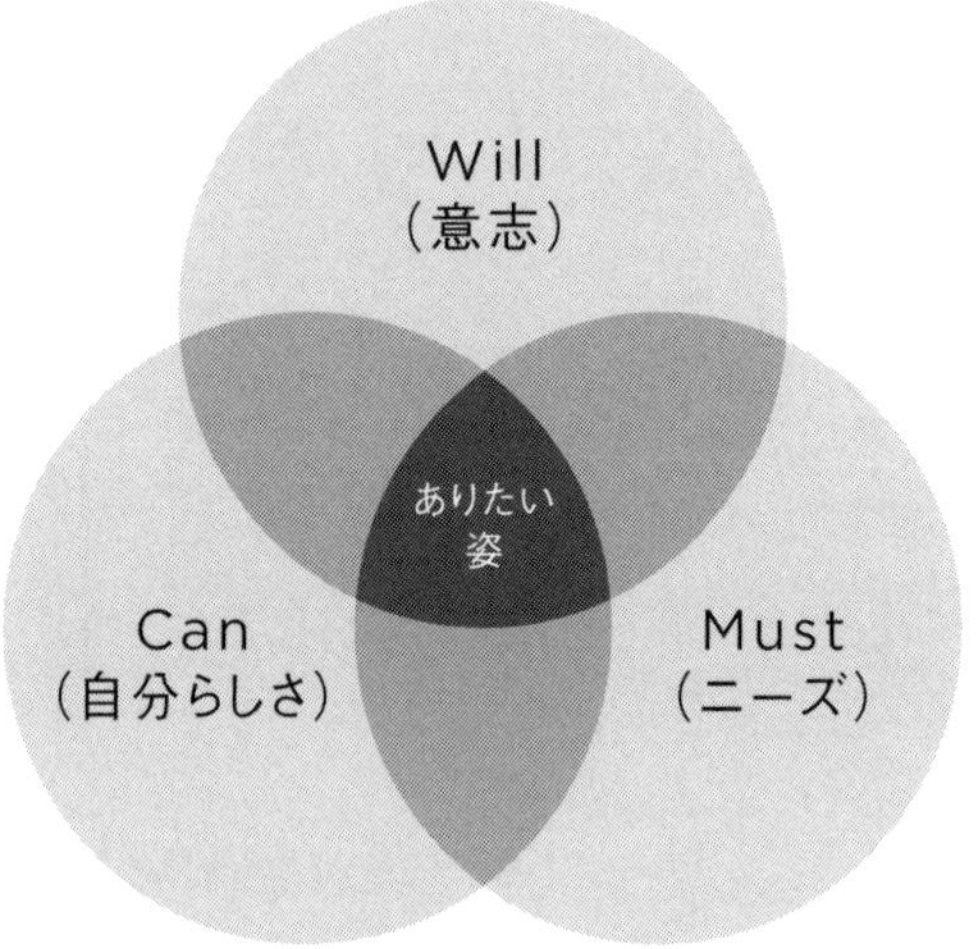

「ありたい姿」は、このＷｉｌｌ／Ｃａｎ／Ｍｕｓｔの重なりで考えることで具体的に設定できます。

この3つが重ならない領域は、独りよがりな、あるいは逆に自分のモチベーションが発揮されず、自分らしさが活かされない「ありたい姿」になってしまいます。

それでは、Ｗｉｌｌ／Ｃａｎ／Ｍｕｓｔ、それぞれを定めるには、どうすればよいでしょうか？

設定方法は、個人と組織では異なりますので、個人と組織に分けて解説していきます。

Ｗｉｌｌを定める

個人のＷｉｌｌの定め方

個人のＷｉｌｌは、要するに「自分そのもの」であり、まさにライフライン・チャートで強化してきた自己基盤力に他なりません。

Ｗｉｌｌが意味するものは「希望」です。「何を実現したいか」であり、動機や欲求、志など、人生や仕事の目的に直結するものです。たとえば、尊敬するビジネスパーソンに出会い、「この人のような仕事ができる人になりたい」と思うのがＷｉｌｌです。

Ｗｉｌｌが定まると、「仕事ができる人になるために信頼できる仲間を増やしたい」「いずれはその仲間と起業したい」など、**次々と付随してＷｉｌｌが見えてくる**でしょう。これらは全て、モチベーションに繋がります。

私たちは、生きるために働いているのではありません。幸せで充実した人生を送るために働いています。では、幸せで充実した人生は、どうやって実現できるのかといったら、それは、目的や目標（すなわち、Ｗｈｙ）があればこそです。

たとえば、あるサラリーマンが、何も興味のない接待ゴルフに付き合わされたとします。18ラウンド、ただ心を無にしてやり過ごすのも手でしょう。しかし、せっかくラウンドするなら、目的を持ち、目標を定めて取り組んだほうが楽しいですよね。

接待ゴルフであれば、半日やり過ごせばすみます。でも、人生はそういうわけにはいきません。どうせ生まれてきたなら、目的と目標をもって、前向きに人生を生きたほうが楽しいと思いませんか？

もちろん、自分のＷｉｌｌを達成するためにはいくつものハードルがあります。

先ほどの例で考えると「尊敬する人は人望がものすごくある」「信頼できる仲間を見つけるには、自分自身が魅力的にならなければならない」「起業にはリスクが伴う」などです。

しかし、これらのできない理由を考え始めるとキリがありません。なぜならば、状況は刻々と変化しますし、未来は予測できないからです。

大きな自然災害が起きれば計画通りに物事は進まなくなりますし、結婚や出産といったライフイベントが訪れることもあります。**未来の「できない理由」を考えていては、「ありたい」姿は実現しません。**

組織のＷｉｌｌの定め方

個人の場合は、ライフライン・チャートをつくることでＷｉｌｌが見えてきます。しかし、組織は個人の集合体なので、なかなか全員のＷｉｌｌをまとめるのは簡単ではありません。**組織としてのＷｉｌｌを設定するには、①トップダウンと②ボトムアップの２つの方法があります。**

①トップダウン

リーダーが自分自身で組織のＷｉｌｌを決めて、メンバーに通達する方法です。

リーダーの思いが反映されやすく、リーダーの特色が色濃く反映されたＷｉｌｌになります。しかし、リーダーにカリスマ性やリーダーシップがない場合、誰もついてこない可能性があります。

②ボトムアップ

メンバーのＷｉｌｌを尊重し、みんなで議論しながら、組織としてのＷｉｌｌを決めていく方法です。メンバーの意見が反映されますが、一方で、組織に心理的安全性がないと特定のメンバーのＷｉｌｌのみが色濃く反映されたり、メンバーのＷｉｌｌが強くない場合、当たり障りのない、誰のＷｉｌｌも反映されていないＷｉｌｌになるリスクもあります。

トップダウンもボトムアップも、それぞれメリットとデメリットがありますので、自分が目指すリーダー像、つくり上げたい組織、メンバーの能力や意欲等に応じて、適切なアプローチを選択しましょう。

Ｃａｎを定める

個人のＣａｎの定め方

個人の課題解決の場合、Ｃａｎはまさに自分らしさで、ライフライン・チャートで振り返った「自分らしさ」に他なりません。

人はみな、それぞれ異なる強みを持っています。どんなに自分は平凡な人間だと思っていても必ず強みはあるものです。個人の強みは大きく次の２つに分けられます。

①専門的な知識や技術など、特定の業種で生かせるもの

②コミュニケーション能力の高さや他人への思いやりなど、業種や職種、企業を問わずに生かせるもの

もちろん、どちらの強みも持っているという人もいるでしょう。

しかし、自分自身の「強み」を知るというのは、意外と難しいものです。

私自身も、三菱商事を辞めようと思って転職活動をしたとき、自分自身の「強み」を見つけることに非常に苦労しました。企業に勤めていて、毎日がむしゃらに働いていると、なかなか自分自身の経験を抽象化して、自分の特徴を「強み」として認識する機会がありません。

そこで、ライフライン・チャートで、自分自身の経験を1つひとつ振り返り、「事実」だけではなく、その経験から学んだこと（解釈）を抽出します。すると、どんな方でも自分自身の「強み」が見えてきます。

どんな特徴も「解釈」によって、強みにも弱みにもなりえます。

たとえば、様々な部署を経験した方は、「専門性がない」と「弱み」にもなりますが、「ジェネラリストとして全体を見れる」ととらえれば、「強み」にもなります。

自分の「事実」1つひとつを、「強み」としてポジティブに「解釈」してみてください。

経営資源分析

順番	経営資源
ヒト	高い接客技術/低い離職率/高いモチベーション
モノ	託児所付きの店舗/ゆっくり過ごせる店内
カネ	銀行との良好な関係
知的資産	赤身肉をジューシーに焼く技術 LINEを活用した顧客との関係/顧客リスト

組織のCanを定める

組織としてのCan（強み）は、2つのフレームワークを使うと、見えてきます。

①経営資源分析

経営資源分析とは、組織が持つ強みを**「ヒト」「モノ」「カネ」「知的資産（ノウハウ等）」**に分けて、明らかにするフレームワークです。

たとえば、ハンバーガーチェーンのモグ・バーガーを事例にすると、上のようになります。

ただし、この分析だけでは、本当にこれらが自分たちの強みになっているのかどうかが分かりません。ひょっとしたら、自分たちが強みだと思っていたものについて、実は他社のほうがはるかに優れていることもあります。

この経営資源分析をさらに深掘りするために、次のＶＲＩＯ分析を組み合わせます。

②ＶＲＩＯ分析

経営資源分析で明らかにした強みの中で、もっとも重要な強みは何かを明らかにするのが、次に紹介するＶＲＩＯ分析です（ブリオと読みます）。

ＶＲＩＯ分析は、企業内部の経営資源（内部資源）が持つ強みのレベルを評価するためのフレームワークです。それぞれの経営資源を、次の観点と順番で評価していきます。


V（Value：価値）…そもそも経済的な価値があるのか？

R（Rarity：希少性）…希少なものか？

I（Imitability：模倣困難性）…マネできるものか？

O（Organization：組織）…組織として仕組化されているのか？

VRIO分析

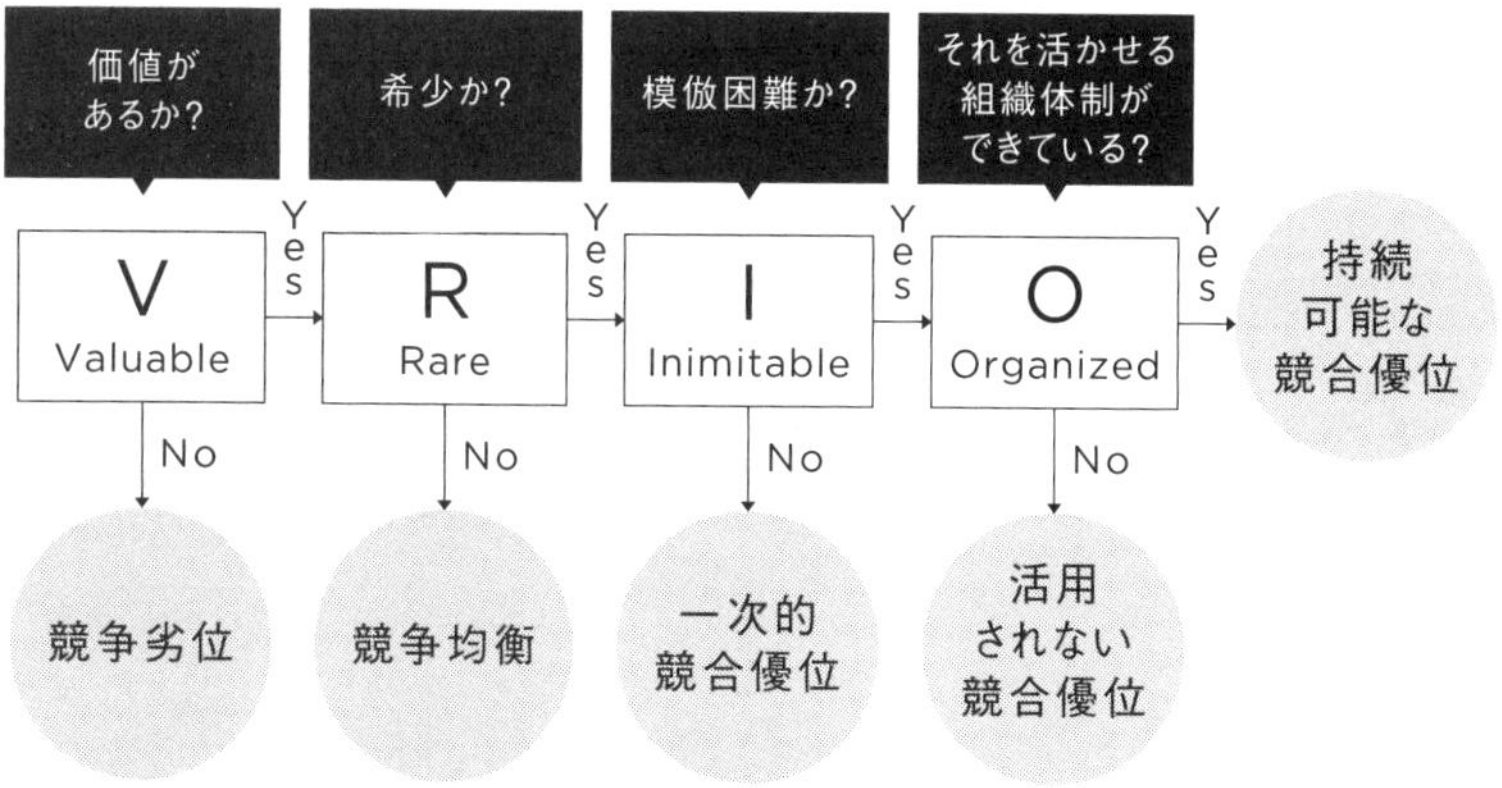

1つひとつの経営資源について、VRIOの各項目を評価し、全てをクリアした経営資源が、その会社/組織が他社を寄せ付けない最大の強みとなります。

VRIO分析と聞くと難しい感じはしますが、要するに、

価値があって（Value）、
珍しくて（Rarity）、
誰もマネできなくて（Imitability）、
しかも（たまたま偶然ではなく）その経営資源が生まれる仕組みが組織にある（Organization）かどうかです。

ぜひチームのメンバー間で、様々な意見を出し合って、組織の強みを見つけてみて

ください。

そして、この**経営資源×VRIO分析も、「事実」と「解釈」を切り分けて分析**することが重要です。

たとえば、よく経営資源の「知的資産」で出されるのが「ブランドがある」です。一見もっともらしいのですが、「ブランドがあるかどうか」は人によって主観的な判断によるところであり、「解釈」と言えます。

では、その「ブランドがある」という解釈は、一体どういう具体的な「事実」に基づいているのかを考えてみると、強みが具体的に見えてきます。

たとえば、ブランド力を生んでいる要素を具体的に考えると、故障率が競合他社と比べて半分だとか、納期遵守率が業界平均よりも10％高いなど、具体的な「事実」が見えてきます。

そして、たとえば「高い納期遵守率」は、さらに「開発、生産、営業とのチームワーク」

に支えられているとすると、「ブランド力」の根源にある本当の「強み」が見えてきます。

このように、**組織としての「強み」を明らかにするときは、具体的な「事実」に基づいて考えること**です。それによって自分たち独自の強みが見えてきます。

ブランド力で有名なシャネルにしてもルイ・ヴィトンにしても、その根幹には、高いデザイン性や品質、マーケティング活動など、ブランド力を高めるための具体的な取り組みがあります。その結果としての「ブランド力」なのです。

Ｍｕｓｔを定める

個人のＭｕｓｔの定め方

個人のＭｕｓｔとは、自分が所属している組織からの要請や期待です。個人の場合、たとえば職場、家族、地域コミュニティ、趣味のサークルなどが該当しますが、ご家族がいらっしゃる方は、ご家族に関係するＭｕｓｔが大きくなるでしょう。

たとえば、「家族を経済的に不自由させないようにする」「子どもに十分な教育機会を与える」などは代表的な個人のＭｕｓｔになります。

組織のＭｕｓｔの定め方

組織のＭｕｓｔは、２つに分けて考えます。

1つは、自分が所属する組織からのＭｕｓｔ。たとえば、企業理念、経営方針、年間目標などが該当します。

もう1つは、より広くＭｕｓｔをとらえ、社会や顧客ニーズを考えます。

ビジネスの場合、どんなに顧客ニーズをとらえても、それが会社・組織の方針と一致しなければ、ただの自己満足になってしまいます。

一方で、ただ会社・組織の方針に合っていても、それが市場・顧客からの要請に応えられていなければ、今度は会社にとっての自己満足になってしまいます。

会社・組織と市場・顧客の両方のニーズを洗い出していくことになります。

「顧客ニーズとは何？」の問いに即答できますか？

さて、組織のＭｕｓｔのうちの「顧客ニーズ」について、少し説明しておきます。

「顧客ニーズに応えるべき」「顧客視点でニーズを探るべし」等、「顧客ニーズ」をとらえることの重要性は一般的に認知されていることと思います。

一方で、「では、顧客ニーズとは何？」と問われると、明確に答えられる方は少ないのではないでしょうか。

この「顧客ニーズ」を考える上で、１つの例を出したいと思います。

１９８７年に、日立製作所から「静御前」という名の洗濯機が発売され、爆発的にヒットしました。この洗濯機の特徴は、まさに名前の通り、運転中の騒音が従来機よりも大幅に低減されていたことです。

では、「静御前」の「顧客ニーズ」は何でしょうか？

まず考えられるのは、「静かなこと」ですね。確かに、顧客は静かな洗濯機を求めていたからこそ、「静御前」は爆発的に売れたわけで、「顧客ニーズ」と言えそうな気がします。

そこから、もう一段深掘りして考えると、「洗濯機が静かなこと」は、顧客のどのようなニーズに応えていたのでしょうか？

これを理解するには、当時の時代背景を理解する必要があります。

１９８６年当時、高度経済成長期が終わり、世の中はバブル経済にちょうど突入した時期でした。過疎化と都市化が進み、郊外にベッドタウンが生まれ、急速に核家族化が進んでいきます。そして、男女雇用機会均等法が施行され、女性の社会進出も徐々に進み始めた時代でした。

そうなると、団地に夫婦共働きの世帯が増えていきます。洗濯機がうるさいと、朝や夜に洗濯機を回せません。その結果、週末に洗濯機を回さないといけません。すると、土日のどちらかの半日が潰れてしまい、家族との貴重な時間が潰れてしまいます。

ところが、「静御前」があれば、出社前の早朝でも帰宅後の夜遅くでも洗濯ができます。

顧客ニーズ

顧客ニーズ・顧客提供価値・機能をそれぞれ切り分けて考えることで、
顧客視点でニーズを捉えることができる

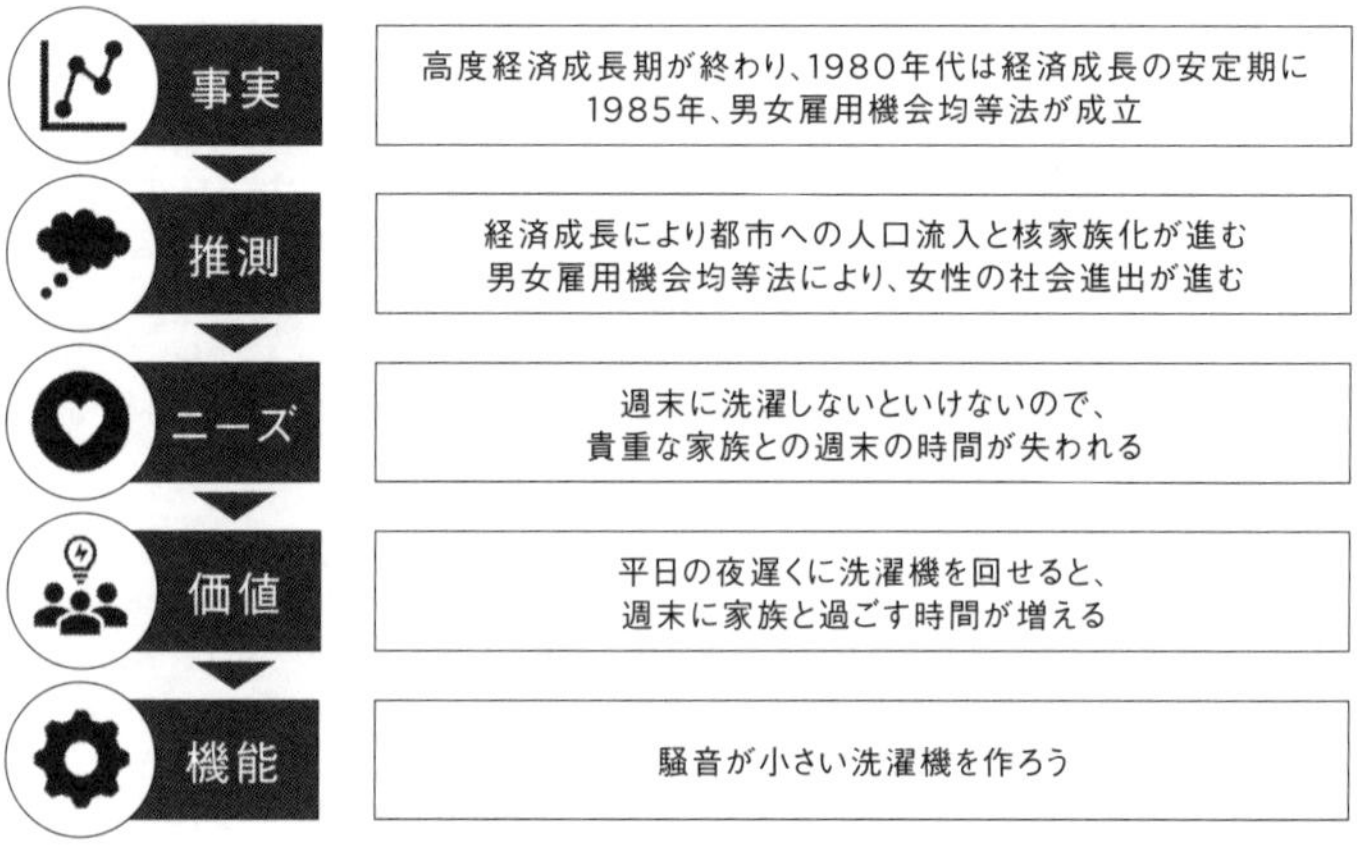

事実	高度経済成長期が終わり、1980年代は経済成長の安定期に 1985年、男女雇用機会均等法が成立
推測	経済成長により都市への人口流入と核家族化が進む 男女雇用機会均等法により、女性の社会進出が進む
ニーズ	週末に洗濯しないといけないので、 貴重な家族との週末の時間が失われる
価値	平日の夜遅くに洗濯機を回せると、 週末に家族と過ごす時間が増える
機能	騒音が小さい洗濯機を作ろう

結果、週末に家族と過ごす時間が持てました。

このように考えると、「静御前」の顧客ニーズは、「週末に洗濯で家族との時間を奪われたくない」という不満になります。

「静かであること」は、あくまで主語が商品・製品であることに注目してください。**「静かであること」は、実は顧客ニーズではなく「機能」なのです。**

「週末に洗濯で家族との時間を奪われたくない」という顧客ニーズに対して、「静かであること」という機能を提供することで、「週末に家族と過ごせるようになる」という価値を提供しています。

このように、**ニーズと機能と価値を切り分け、顧客視点に立ってニーズを考える**と、ニーズを掘り起こしやすくなります。

顧客視点に立ってニーズを考えると言っても、たいていの場合、顧客の側から、こういうものがほしいという新製品のアイデアが出てくることはありません。

顧客ニーズには、**顕在ニーズと潜在ニーズ**があるからです。

顕在ニーズとは、すでに顧客が認識しているニーズです。たとえば、過疎化された地方で移動手段が限られており、老人が病院に行くのに高いタクシー代を払わなければならない場合、老人たちは、「交通手段が限られていて、病院に行くのが大変だ」という不満を認識しているわけです。

一方で、潜在ニーズとは、そもそも顧客自体が明確に認識していないニーズです。

たとえば、先ほどの過疎化された地方では、医療が自宅で受けられ、かつドローンで薬が自動で届けられたらどうでしょうか。そもそも「オンライン診療」「ドローン」などの技術を知らなければ、「自宅で診療を受けられない」「家にいながら薬を受け取れない」という不満は認識できないわけです。「静御前」であれば、当時の消費者は「そもそも洗濯機はうるさいもの」と思っており、「音が静かな洗濯機がほしい」とは認識していませんでした。したがって、当時の消費者に「どのような洗濯機がほしいですか？」と聞いても、「静かな洗濯機がほしい」という回答は、なかなか得られなかったはずです。

また、別の例を挙げると、マクドナルドは一時期、健康を意識した「ベジタブルチキンバーガー」などを販売していました。これは、当時ファストフード離れが進み、消費者アンケートで明らかになった「健康的なハンバーガーがほしい」という顕在ニーズに応えたものでした。ところが、大して売れずに、いつのまにか市場から姿を消しました。

一方で、現在のマクドナルドのメニューを見ると「ダブル肉厚ビーフ」とか、夕食時になると、「夜マック」と称して「倍ビッグマック」とか、およそ健康的とは言えないような商品が目立ちます。「もっと野菜を使った」とか「カロリー低め」とか、そういうメニューはほぼ皆無と言っていいでしょう。つまり、「野菜を使ったヘルシーメニュー」は、マクドナルドの顧客が本当に欲しているもの（＝潜在ニーズ）ではなかったのです。

要するに、顧客に「何か不満はありますか？」とか「何がほしいですか？」と直接聞いたとしても、**顧客自身が自分の潜在ニーズに気づいておらず、メディアや流行り、常識に流された回答しかできない**わけです。

したがって、顧客に直接的にニーズを聞くのではなく、顧客が商品やサービスを利用する「状況」を観察し、製品・サービスを利用している状況や環境について聞くほうが、顧客の本当のニーズ（潜在ニーズ）に近づくことができます。

顧客ニーズを把握するのに「こうしたらいい」というマニュアルがあれば提示したいところですが、残念ながら、これという「正解」は存在せず、様々な方法論でいろいろな企業が試行錯誤を繰り返しているのが実態です。

ただ、顧客の視点に立って、顧客の動きや様子を丁寧に観察し、顧客の気持ちになって、ニーズに対する感覚を研ぎ澄ますこと、常識や思い込みにとらわれず、「こうなったら世の中もっとよくなるのに」という意識を持つことで、潜在ニーズに対する感度は高まっていくでしょう。

定性的な「目的」を達成度の測定可能な「目標」に具体化する

ここまで、自分の組織の理想の将来像（Will）を定め、自分たちの価値観や強み（Can）を明らかにし、組織の戦略や方針を念頭に置きながら、顧客視点で顧客ニーズを明らかにし（Must）、その上でこのWill／Can／Mustの重なりの中で、自分が実現したい「ありたい姿」を設定する、というお話をしてきました。また、いくつか役に立つフレームワークもご紹介してきました。実際の課題解決では、この定性的な目的の達成を図ることとなります。

けれども、ここでの「ありたい姿」は、あくまで抽象的で定性的な「目的」です。最終ゴールが曖昧では、後で振り返って達成度合いを確認できなかったり、メンバー同

目的と目標の例

目的	目標
健康的な体になる	10kg減量する
地域社会に貢献する	ボランティア活動に週1回参加する
業界で1位になる	売上を1億円伸ばす
家族との時間を過ごす	毎日残業を1時間に抑える
顧客満足を向上させる	顧客満足度を平均3点から4点に上げる

士で認識が共有されず、目的達成の進捗の理解がバラバラになって、1つの方向にチームが向かっていかない可能性があります。

この定性的な目的の達成度を測るためのモノサシである具体的な目標を定めることが必要です。

英語の勉強にたとえるならば、目的は「英語を使って、外国企業に営業に行って商売をする」になります。これだと抽象的ですので、具体的な目標、すなわちモノサシは、たとえば「TOEICの点数」になります。

「目標」は必ず「いつまでに」「どの程度」を決める

目標を設定したら、必ず「いつまでに」「どの程度」まで決めます。

これが非常に重要です。「いつまでに」「どの程度」がない目標は、「掛け声」に過ぎず、目標ではありません。

日々の仕事でも、優秀な人は「いつまでに」「どの程度」を明確に意識して仕事をしています。たとえば、会議でタスクが決まったとしても、「いつまでに」「どの程度」を決めないと、結局そのまま流れてしまいます。会議のファシリテーションでは、「いつまでに」「どの程度」を必ず決めるように変えるだけで、会議の効率が驚くほど上がることもあります。

「いつまでに」「どの程度」が重要な理由は、タスク管理だけではありません。

たとえばですが、マラソン初心者で、フルマラソンに出場することになったとします。「1年後にタイムはこだわらず、とにかく完走すればよい」と「いつまでに」「どの程度」を決めたとしましょう。すると、明日からやることは、「週に1回10キロのマラソンから始める」「締めのラーメンをやめて痩せる」などでしょうか。

一方で、もし社長命令で3か月後にフルマラソン完走、それもタイムは4時間を切らなければならないことになったとしたら、どうでしょうか？

ライザップに通って減量、プロのコーチを雇って指導を受ける、毎朝10キロは最低走る等々、「対策」が全く変わってきますよね。

> そもそも「いつまでに」「どの程度」を決めなければ、「対策」を定めることができず、課題解決はできません。

目標の指標を定めたら、必ず「いつまでに」「どの程度」を決めるのを決して忘れてはいけません。

目標を絞る

英語学習を例にして、ＴＯＥＩＣを今年中に７００点以上取ることを目標に定めたとしましょう。効率よくＴＯＥＩＣの点数を上げるにはどうしたらよいでしょうか？

自分に合う参考書を探す、塾に通う、単語を覚える、毎日ＹｏｕＴｕｂｅで英語の動画を見る……。いろいろやることが思い浮かびますね。

では、ＴＯＥＩＣでも、特にリスニングの点数を上げるべきだと決まったらどうでしょうか？　そうすれば、「単語を覚える」はいったん置いておいて、「リスニングを上げるためにはどうすればよいか？」だけを考えればよくなり、具体的な構造と対策が考えやすくなります。つまり、大きな目標を設定したら、次はその目標の中で「具体的にどこ」に取り組むべきかを決めると、課題解決が具体的に考えやすくなります。

ビジネスっぽく言い換えると、**時間という限られた経営資源をリスニングに「選択と集中」することで、より効率的・効果的に成果を出す**ということです。

そして、これは、1つの「戦略」でもあります。

最近は何についても「戦略」という言葉が登場しますので、少しわき道にそれますが、「戦略」についてお話ししておきましょう。

「戦略」とは、その名前の通り「戦いを略す」という意味です。すなわち、**戦うべき領域を決め、逆に戦わない領域を「捨てる」**ということです。

言うまでもなく、経営資源は限りあるものです。その経営資源をどこに集中して投下するのか、そして、どこの領域を「捨てる」のかを判断する基準が「戦略」です。

そして、課題解決では「目標を絞る」ということになります。
大事なのは、「捨てる」勇気を持つことです。

せっかく集中投下する領域を決めても、「捨てる」勇気を持てないために、結局、現状維持になっているケースがたくさんあります。これでは、戦略を策定した意味がありません。

簡単な例を出しましょう。

A、B、C、Dという4つの市場があります。現在、それぞれに100万円ずつ投資しています。

Aは衰退市場で、10年後には110万円にしかなりません。BとCは、成熟市場で安定して利益が見込めるので、10年後には200万円になります。

Dは、今は小さな市場ですが、将来大きく伸びる見込みで、10年後には1000万円になります。

単純化して、リスクを一切無視して、ABCDそれぞれで述べた成長率が確実に達成されるとします。すると、400万円全てをDにぶち込んで、ABCから撤退するのが合理的な判断です。でも、実際に起こることは、Aの衰退市場をそのまま維持して、本来Dに振り分けるべき100万円を、BとCに50万円ずつ投下するようなことが起こります。

なぜならば、A~Cはすでにそこで働く人がおり、既得権益があるため、そこから撤退しようとすると大きな抵抗が起こるからです。

リーダーシップとは、
既得権益を打破し、成長する領域に経営資源を投下できる
胆力・決断力・実行力を指します。

これができないリーダーが、組織を衰退へと導くのです。

「我が社は現在業界3位である。我々の戦略は、今後3年間で売上を倍増し、業界1位に躍り出ることだ！」

このような「戦略」を語る経営者は少なくありません。でも、これは「野心」や「お題目」であって、「戦略」ではありません。

「戦略」とは、戦う領域と撤退する領域を明確に分け、どこに経営資源を集中するかの「道しるべ」です。「野心」を達成するための具体的な「道しるべ」が見えないものは、「戦略」

ではありません。

「売上倍増」という野心を聞いても、部下は「エイエイオー！」しか言えません。

「具体的に、どの商品・サービス・顧客・地域を攻めていくのか？」

「売上を伸ばすには、客数を増やすのか？　単価を上げるのか？」

「その論拠は何か？」

「どういうステップで最終的に『売上倍増』を達成するのか？」

これらを明確に示しているものが「よい戦略」なのです。

さて、スティーブ・ジョブズはアップルを創業したのち、自分が任命したＣＥＯによって、アップルを追われてしまいます。その後、経営不振に陥ったアップルを立て直すため、彼は再度アップルのＣＥＯに就任します。彼が最初に行ったことが、まさに「戦略」でした。

彼は、横軸を「ポータブル／デスクトップ」、縦軸を「プロ用／アマ用」とし、４つの象限をつくりました。そのときのアップルの製品は数十を数えていましたが、彼は「この４つの象限で、それぞれ１つずつ、クールな製品を開発しろ」と命じました。

「選択と集中」の例

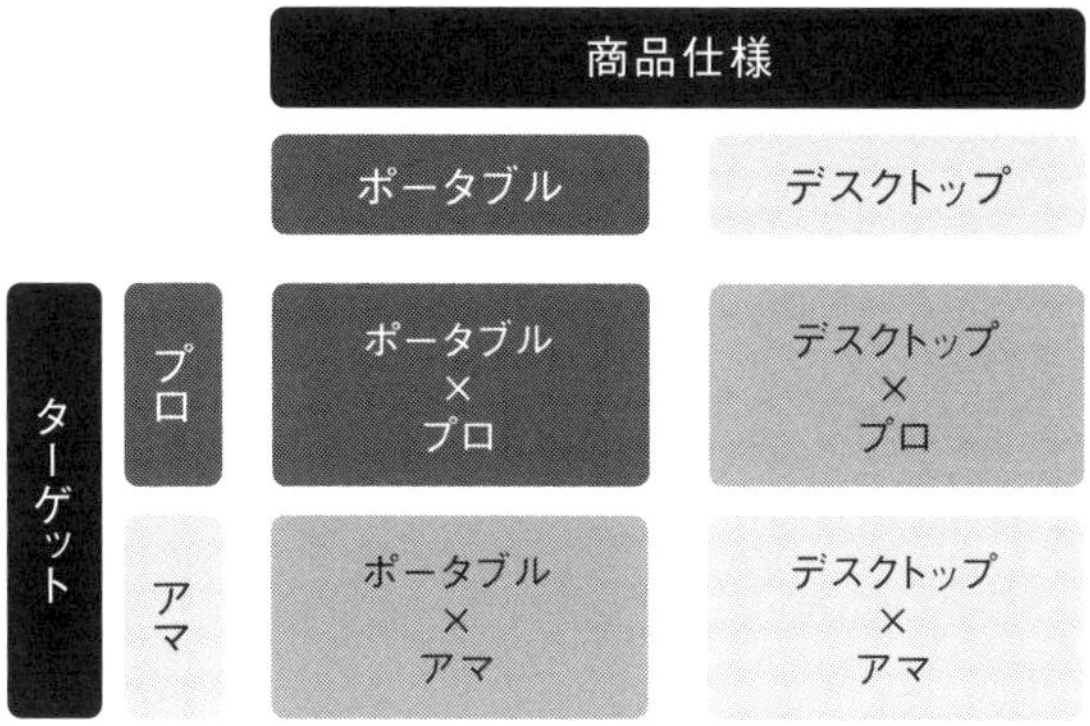

その結果、生まれた商品が、ｉＰａｄ、ｉＭａｃ、ＭａｃＰｒｏ、ＰｏｗｅｒＭａｃであり、それぞれが爆発的にヒットして、今やアップルは時価総額で世界一、二を競う企業へと大躍進を遂げたのです。

逆に言うと、それまで資源投下してきたプリンターや周辺機器からは一切撤退、ソフト開発からも撤退して多数のエンジニアを解雇、代理店も大幅整理、製造部門も縮小し、台湾の請負企業に切り替えました。

ジョブズの面白いところは、**売上高や利益の目標を一切掲げなかった**ことです。闇雲にコストカットを行って利益を追求するのではなく、自社は企画に専念、製品ラインを整理し、生産を外注し、直営店で販売する等、やるべきことを着実に実行しました。

リーダーシップとは、「よい戦略」を立て、そして様々な利害対立や既得権益を乗り越えて、その戦略を確実に実行させることなのです。

これこそ、まさに「戦略」であり、どこに経営資源を集中させるのかの意思決定とリーダーシップを表すエピソードと言っていいでしょう。

４Ｗで目標を細分化する

さて、話を元に戻しましょう。

前述のように、大きい目標は、より細分化して、限られた経営資源をどこに投入するのがもっとも効果的・効率的かを見極めます。その際に、「４Ｗ」というフレームワークを使って、細分化するための切り口の候補を出していきます。

４Ｗとは、英語の５つの疑問詞５Ｗの中で、Ｗｈｙを除いたＷｈａｔ（モノ・コト）、Ｗｈｅｒｅ（場所）、Ｗｈｅｎ（時）、Ｗｈｏ（人）の４つです。

「どこで」の絞り方

① 切り口の候補をなるべくたくさん出す

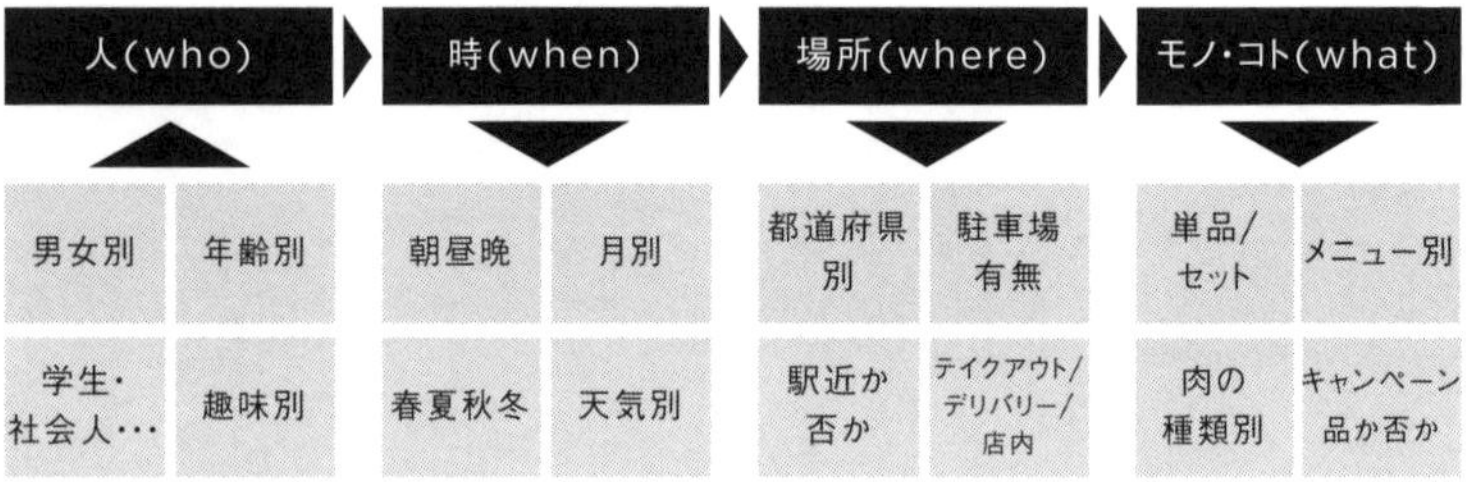
人(who)
時(when)
場所(where)
モノ・コト(what)
男女別
年齢別
学生・社会人…
趣味別
朝昼晩
月別
春夏秋冬
天気別
都道府県別
駐車場有無
駅近か否か
テイクアウト/デリバリー/店内
単品/セット
メニュー別
肉の種類別
キャンペーン品か否か

たとえば、ハンバーガー・チェーンのモグ・バーガーの売上を細分化すると、どのような切り口があるでしょうか。

1つは、売上を男女別に細分化する切り口が考えられますよね。疑問詞でいうと、Who（ヒト）です。他にも、たとえば午前午後等の時間帯別で細分化すればWhen（時）、店舗別で細分化すればWhere（場所）、商品別で細分化すればWhat（モノ）になります。

このように4Wの枠組みを使って、なるべくたくさんの切り口を出してみます。

その上で、これらの切り口で、感度のよい切り口を選び、目標を細分化するマトリックス（表）をつくります。

② マトリックスを作る

		朝	昼	夜
平日	男性			
	女性			
休日	男性			
	女性			

たとえば平日休日、男女別、朝昼晩の2つを組み合わせて表をつくると、表のようになります。

その上で、この表のマス目の中で「どこ」がいちばん成長性が高く、経営資源を投入すると効果的・効率的になりそうか、検討します。

もしマトリックスをつくってみて、目標をどこかに絞り込めなさそうだとしたら、その切り口は捨てて、また違う切り口にした表をつくり直しましょう。

このようにして、試行錯誤を繰り返しながら、適切に目標を絞り込める切り口を選びます。

さて、私は大学院時代に、アフリカ研究をしていました。当時のゼミの教授は、ケニアの農村開発を専門にしており、年に1回、ケニアまでフィールドワークに行くのが恒例でした。フィールドワークでは、現地の方々にインタビューをするのですが、そこではいかに現地の方々から、彼らが抱える問題や課題、その原因や解決策等について正しくヒアリングをするかが重要です。その際に、教授から指導をされた「インタビューの極意」があります。

それは、**「なぜ？（原因のＷｈｙ）で聞かない」**というものです。

不思議な感じがしませんか？　せっかくヒアリングするので、「Ｗｈｙ（なぜ）」と原因を聞きたくなりますよね。

私は教授から「山本君はＷｈｙでよく質問するけど、インタビューする際はＷｈｙで聞いてはだめだ。Ｗｈｙではなく、４Ｗで質問しなさい」と指導を受けたのです。

その理由は、「Ｗｈｙ（なぜ）」に答えることは、実はとても難しいのです。原因を考えると、思い込みだったり、場合によっては忖度だったり、様々な「解釈」が発生してしまいます。

たとえば、私の場合は井戸掘りを行うNGOの一員としてインタビューをしたのですが、現地の方々からすると「なぜ下痢が発生したのですか？」と聞かれると、やはり相手は井戸水のNGOですから、井戸水に困っていなくても「いや～きれいな水が不足していて」などと答えてしまうわけです。

そうではなく、4Wで質問するとどうなるでしょうか？

「何の作物を食べたら、下痢が発生しましたか？」（What）
「どこの畑で栽培した食べ物で下痢が発生しましたか？」（Where）
「いつ下痢が発生しましたか？」（When）
「誰が下痢になりましたか？」（Who）

Whyで質問すると、現地の方々は一生懸命「解釈」を考えなければなりませんが、4Wの質問は「事実」を尋ねる質問なので、「思い出す」だけでよいのです。

このように**4Wで質問して事実を特定すると、今度は相手が勝手に原因に気づいてくれる**ようになります。

「課題解決」の場合は、このように「原因」分析を行わないことは前述した通りですが、過去に原因があってマイナスが発生している「問題」解決の場合は、原因分析の前に4Wを使って事実を特定することで、次の「原因」分析が容易になります。同様に「課題解決」でも、4Wで目標を絞り込むことで、より効果的に課題解決を進めることができるのです。

なお、Why（目的ではなく、原因の「なぜ？」）という質問は、少し相手を責めてしまうニュアンスを持ってしまいがちです。特に、相手がミスをしたときは要注意です。

その場合も、**Why（なぜ）を聞く前に、4Wを聞きます。**

たとえば、後輩が重要なプレゼンでミスをした場合、「なぜミスをしたんだい？」と聞くのではなく、「プレゼンのどこの（Where）パートで、何のミス（What）をしたんだい？」とか、「プレゼンの中でいつ（When）ミスしたんだい？」と聞くのです。

こうすることで、部下は自分で「事実」を考えて、自ら「原因」を具体的に考えられるようになります。部下からしても、「ミスを責められた」という感覚が薄らぎ、親身になって相談に乗ってくれているという感覚を上司に抱くようになります。

なお、英語でもＷｈｙは若干相手を責めるニュアンスがあります。たとえば、日本に住んでいる外国人に「Why did you come to Japan?」と聞くと「え、あなた、なんでわざわざ日本に？　来なくてもいいのに……」というニュアンスが出てしまいます。そうではなく、「What brought you to Japan?」と聞くようにします（直訳すると「何があなたを日本へ連れて来たのですか」）。

この項の最後に、目標を絞り込む手順をまとめておきましょう。

①４Ｗでたくさん切り口を出す
②感度のよさそうな切り口を選んでマトリックスをつくる
③成長性の高い箇所を特定する

これにより、「選択と集中」が可能になり、少ない経営資源を効果的に成長分野に投下できるようになります。

ステップ1　Ｗｈｙのまとめ

- 「問題」は「あるべき姿」から「原因」があって、マイナスに凹んでいる状態。
- 「課題」は主体的に「ありたい姿」を定め、現状とのギャップがある状態であり、「ありたい姿」を具体的に定めることが重要
- 「問題」解決には「なぜなぜ」分析を使うが、
- 「課題」解決には「ありたい姿」から逆算して「どうやって」実現するかを考える
- 「ありたい姿」は、Ｗｉｌｌ／Ｃａｎ／Ｍｕｓｔの重なりで設定する
- 「ありたい姿」が定まったら、具体的な目標を設定する
- 目標を細分化して、もっとも効果がありそうな箇所を特定する
- その際に４Ｗのフレームワークを活用する

ケーススタディ1 Whyより始めよ

ケース設定

主人公の山田太郎氏は、ハンバーガー店「モグ・バーガー」を経営する43歳のバツイチの既婚男性です。30歳のときに結婚した前妻とは、性格の折り合いがつかず、4年前に離婚。子どもは6歳の息子と4歳の娘がいますが、親権は前妻が持っており、子どもたちと毎月1回面会するのが、今の最大の楽しみです。

山田氏は、新卒後に大手食品商社に入社しましたが、38歳のときに退職。商社では食品物流に長年携わり、アメリカに5年駐在し、冷蔵物流の構築などに携わってきました。

もともとハンバーガー好きだった山田氏ですが、アメリカ駐在中にたまたま近所にあった「デーブ・バーガー」の味に感動した山田氏は、「デーブ・バーガー」の味を日本に持ち込めないか考えるようになりました。大手ファストフード店のような、画一化された安価な商品ではなく、家族向けのバラエティに富んだ高級志向のハンバーガー店に商機があるのではと考えていました。

38歳と、不惑の40歳の前に一念発起した山田氏は、思い切って食品商社を退職。「デーブ・バーガー」に懇願して1年間武者修行した後、都内近郊のベッドタウンとして有名な某駅前に「モグ・バーガー」1号店をオープンしました。

アメリカ発の大手ハンバーガーチェーンとの差別化を考えていた山田氏は、高価格・高品質の高級路線で差別化を図っています。

創業以後、順調に売上を拡大してきており、現在は都内近郊に直営店3店舗を出店しています。

ところが、昨年にいわゆる「バイトテロ」が発生。大学生のアルバイトが、厨房内で悪ふざけしている写真がSNSで拡散してしまい、一気に客足が遠のいてしまいましたが、数か月経って客足は「バイトテロ」前まで戻ってきており、今後は心機一転、事業拡大に意欲を燃やしている状況です。

そこで、長年の親友である人材育成コンサルタントのあなたを起用し、今後の方向性について議論することにしました。

現状分析

山田氏はさっそくライフライン・チャートをつくり、自分自身の人生を改めて見つめ直し、将来のＷｉｌｌを言葉にしてみました。自分自身のＷｉｌｌをまとめると、「従業員が主体性を持って生き生きと働き、お客様がモグ・バーガーに来店して笑顔で帰ってもらう店舗をつくりたい」となりました。

Ｃａｎについては、経営資源分析とＶＲＩＯ分析を行い、改めてモグ・バーガーの強みを棚卸しました。たくさんの強みが出てきましたが、改めてＶＲＩＯで分析をすると、同社の最大の経営資源は次の3つだと分かりました。

①顧客との強い関係

ＬＩＮＥが普及し始めた当初から、ＬＩＮＥを活用した顧客管理に取り組んだこともあり、来訪した顧客の90％はＬＩＮＥ公式登録しており、その数はすでに20万人に及んでいます。また、インスタグラムのフォロワー数も３万人を突破し、この規模のレストランとしては異例のフォロワー数になっています。

②デーブ・バーガーの秘伝のレシピ

デーブ・バーガーの特色は、アメリカ産の赤身肉にもかかわらず、和牛のようなジューシーさを出すことができることです。赤身肉はローカロリーでタンパク質が多く含まれ、創業以来「家族で安心して食べられるハンバーガーショップ」を標榜してきましたが、これもデーブ・バーガー秘伝のレシピがあればこそです。アメリカのデーブ・バーガーはすでに倒産しており、今やこのレシピを受け継ぐのは、モグ・バーガーのみとなっています。

③従業員の高いモチベーション

モグ・バーガーは、正社員４名とアルバイト20名で運営していますが、正社員の離職率は０％、アルバイトも学生が社会人になって辞める以外はほとんど辞めていません。山田社長自身が、食品商社時代にパワハラや風通しの悪い職場環境に悩んでいたこともあり、従業員やアルバイトへの権限移譲、手厚い研修、表彰制度などに取り組んでおり、従業員は高いモチベーションで、質の高い接客サービスを提供してくれています。

また、正社員やアルバイトからの積極的な提言を奨励しており、それらが新メニューの開発にも活かされています。従業員の教育やモチベーション向上に関する様々な仕組みが導入されており、まさにＶＲＩＯに当てはまる強みと言えます。

Ｍｕｓｔについては、今後、銀行借り入れで店舗を拡大していくことを考えたら、２年連続の赤字は避けなければならず、来年度中に黒字達成がＭｕｓｔになります。また、会社のミッションである「地域と家族から愛されるハンバーガーショップ」も忘れてはならないＭｕｓｔになるでしょう。

以上の通り、Ｗｉｌｌ／Ｃａｎ／Ｍｕｓｔを整理した結果、**目的**を「**従業員が主体的に動き、顧客との関係を大事にしながら、収益を高める仕組みをつくる**」と**設定**しました。

また、**目的達成を測る指標としては、売上を設定**しました。銀行からの要求は営業利益の黒字化ですが、コスト削減は昨年度にすでに取り組んでおり、削減余地があまりないこともあり、今回の課題解決では売上を目標とすることにします。

このように、Ｗｉｌｌ／Ｃａｎ／Ｍｕｓｔから目的を考えて目標を定めるのと、何も考えずに何となく売上を目標に設定するのとでは、その後の課題解決のプロセスに大きな違いが出てきます。

人間は目の前のことにとらわれる生き物です。したがって、何となく売上を目標に設定すると、売上そのものが目的となってしまい、そもそものＷｉｌｌ／Ｃａｎ／Ｍｕｓｔを忘れてしまって、売上を上げる方向性を間違えてしまいます。

たとえば、「地域と家族に愛される」というＭｕｓｔを忘れて、「若者をターゲットにする」と目標を絞ってしまったり、顧客との関係性が最大の強みであるにもかかわらず、顧客とのコミュニケーションが希薄化するような対策を打ってしまったり、「従業員の主体性を活かす」というＷｉｌｌを忘れて、トップダウン型の人事制度を導入してしまったりします。

その顕著な例が、高級家具と丁寧な接客を強みとしていた大塚家具の経営不振です。

イケアやニトリに顧客を奪われていることに危機感を抱き、創業者である大塚勝久氏から経営を引き継いだ大塚久美子氏は、会員制を廃止し、店の雰囲気をカジュアルに改装、接客を簡素化し、気軽に入れる家具店を目指しました。

結果として、経営は大幅に悪化し、最終的にヤマダ電機に買収されることとなりました。残念ながら、大塚久美子社長の経営改革は失敗だったと言えるでしょう。

この失敗の原因を、Ｗｉｌｌ／Ｃａｎ／Ｍｕｓｔから簡単に考察してみましょう。

大塚家具失敗の理由

Ｗｉｌｌ

当時の様々なインタビュー記事や記者会見などを見ても、当時の大塚久美子社長から「大塚家具をこうしていきたい」という強いＷｉｌｌは感じられませんでした。トップダウン型でＷｉｌｌを出していくとすると、経営者の強い思いやカリスマ性が必要になります。当時の従業員の多くは、大塚家具の昔ながらのやり方にＷｉｌｌを感じていたことを考えると、その従業員に根付いたＷｉｌｌを跳ね返すほどのリーダーシップがなかったのだろうと思います。

Can

大塚家具のＣａｎは、顧客との強い関係、一流の接客、高品質な家具、プレミアム感などでした。大塚家具はどう頑張っても、イケアやニトリにはなれないわけです。

何世代にわたって生き残っている老舗企業は「不易流行」を守っていると言われます。「不易」とは時代を超えて守るべきもの、「流行」は時代に合わせて変えていくべきもの。大塚家具は、捨ててはならない強みを捨て去ってしまい、「大塚家具らしさ」を見失ってしまったことが、失敗の根本原因の１つではないでしょうか。

Must

そもそもどの顧客をターゲットとし、どのようなニーズに応えるのかが明確になっていなかったと思われます。

「そこそこの品質で十分なので、安い家具を気軽に購入したい」というニトリやイケアがすでに満たしているニーズをとらえたとしても、そのニーズは顕在ニーズであって、すでに他社によって満たされてしまっているのです。

では、「どのような顧客のどのような潜在ニーズに応えるのか？」というＭｕｓｔの分析も不十分だったと言わざるを得ないでしょう。

以上のように、Ｗｉｌｌ／Ｃａｎ／Ｍｕｓｔを冷静に分析すれば、大塚家具の経営戦略も、もっと違ったものになったのではないかと思われるのです。

「いつまでに」「どの程度」を決める

さて、話をモグ・バーガーに戻しましょう。目標となる指標を売上に設定しましたので、次に「いつまでに」「どの程度」を設定します。

現在の年間売上は2・5億円ですが、客席の稼働率を考えて、3億円まで伸ばしたい。また、3億円まで伸びれば、営業利益率を考えると、銀行から求められている「来年度中の黒字化」も達成できそうです。したがって、「いつまでに」「どの程度」は、**「来年度中に、**

売上3億円」と設定します。

4Wで「目標」を絞る

目標を売上3億円に設定したら、次に売上の「どこ」に目標を絞るかを決めます。4Wのフレームワークを使って、次のページの表①のように、なるべく多くの切り口の候補を洗い出します。

次に、その中からいくつかの切り口を選んで、表をつくってみます。

たとえば、「単品かセットか」「平日休日」「午前午後」で表をつくると、次のページの表②のようになります。

そうすると、12個のマス目ができますよね。この中で、特に課題を絞ると効果がありそうな場所はないか検討します。

もしピンと来なければ、この表はいったん忘れてしまってかまいません。他に、もっと感度のよい切り口がないか、たとえば、次のページの表③のように、再度検討します。

① なるべく多くの切り口の候補を4Wで洗い出す

	候補①	候補②	候補③	候補④	候補⑤
What	メニュー別	限定商品かどうか	単品かセットか	キッズメニューか否か	ヘルシーメニューか否か
Where	店舗別	駐車場の有無	駅近かどうか	オフィス街か否か	テイクアウトかイートインか
When	午前/午後	朝昼夜	季節ごと	平日休日	学校休暇期間か否か
Who	年代別	職業別	趣味別	新規/リピーター	家族連れ友達/単独

このように、様々な切り口の候補を試してみて、最終的に課題を絞り込んだら効果的に課題を解決できそうな箇所を特定していきます。

今回のモグ・バーガーでは、左の下の表「朝・昼・夜」「家族・友人・1人客・それ以外」で表をつくってみたところ、夕食時の稼働率が低く、かつ家族向けに成長余地がありそうなので、「夜の家族の売上」に絞り込むことにしました。

では、「夜の家族の売上を上げるにはどうしたらよいか？」

次のステップ2から、その構造を解き明かしていきましょう。

② ①の中からいくつかの切り口を選んで表にしてみる

		セット	単品	それ以外
平日	午前			
	午後			
休日	午前			
	午後			

③ ②とは別の切り口を考えてみる

	朝	昼	夜
家族			
友人			
1人			
その他			

第4章

ステップ2
How

構造でとらえる

課題を「構造」でとらえるとは？

ステップ2「How 構造でとらえる」では、ステップ1で特定した目標からスタートし、「どうすれば実現できるか」を深く掘り下げていきます。ステップ2の手順は次の通りです。

1 具体的にとらえる

- **特定した目標からスタートする**
- **「構造」でとらえる**
- **「事実」を確認する**

2 幅広くとらえる

- 算数MECE
- 国語MECE

3 論理的に掘り下げる

- 「論理の飛躍」に気をつける
- 「論理の強弱」に気をつける

4 打ち手を決める

- 行動要因と結果要因に分ける
- 成果が出る行動要因を特定する

課題を具体的にとらえるには？

①特定した目標からスタートする

ステップ1では、目標を絞り込みました。

モグ・バーガーのケースでは、「夜の家族向け」でしたね。

そこで、ここに**「いつまでに」「どの程度」を付け加え、「来年度中に、夜の家族向けの売上を5000万円上げるにはどうするか？」**を掘り下げていきます。


重要なのは、スタートする際も、深掘りしていく際も、

「特定した目標」を忘れない

ということです。分かってるよ、当たり前だよ、と今、思われたかもしれませんが、実際にチームで掘り下げていくと、ついつい特定した箇所を忘れてしまい、「ランチメニューを増やす」とか「若者の認知度を上げる」など、いつのまにか特定した箇所「夜×家族」とは関係ないところでの深掘りをしてしまいがちなのです。

せっかく目標を絞って効率的・効果的に課題解決をしようとしているのですから、「特定した目標」をくれぐれも忘れないことです。

②構造でとらえる

「課題解決」や「問題解決」の際には、「課題」や「問題」を**「全体の構造の中でとらえる視野」**が重要になってきます。

どういうことか？　例を挙げてみましょう。

たとえば、A部長がパワハラを行い、Bさんがうつ病になり、その結果、退職せざるを得ないという「問題」が発生したとしましょう。

会社はＡ部長を異動させ、Ｄ部長を後任とし、Ｂさんに心療内科を受けさせ、そして退職してしまったので、Ｃさんを中途採用しました。

「問題解決」としてはありそうな「対策」ですが、これでは「問題」の根本解決にはならない可能性が高いでしょうね。もちろん、パワハラはＡ部長の個人的資質によるものかもしれませんが、そうではなく、組織そのものがＡ部長がパワハラをせざるを得ない「構造」になっている可能性もあるのです。

たとえば、Ａ部長がパワハラをする原因が、その職場特有の過度なストレスだったとします。すると、このストレスの根本原因に対処しなければ、後任のＤ部長も同じパワハラをしてしまうかもしれません。

人間は、ある構造の中に置かれたら、自分の意思や能力とは関係なく、その構造で仕掛けられた行動をするものです。

たとえば、ドアノブを右に回すとき、人は自分の意思で回していると思っています。しかし、根本的には、ドアノブの構造が人間を右に回すように仕向けているわけです。

このように人は、構造の中に置かれたら弱い存在です。性善説や性悪説ではなく、課題解決や問題解決の際は、**「人間は構造に置かれたら弱い存在だ」という「性弱説」**に立ち、個人に責任を押しつけるのではなく、構造を理解し、つくり変えていくことが重要です。

私が「性弱説」を考えるようになったのは、学生時代のあるニュースがきっかけでした。当時鳥インフルエンザが大流行したのですが、ある養鶏業者が、自分の養鶏場の鶏に鳥インフルエンザの症状が出ていたにもかかわらず、行政に報告せずに隠していました。そこから感染が広がってしまったということで、その養鶏業者の経営者である老夫婦は、記者会見でマスコミにボコボコに叩かれていました。その経営者は、消え入るような声で「万が一でも陽性でなければと祈っておりました……」と述べていました。

なぜこの記者会見が印象に残っているかというと、その翌日に新聞の小さな記事で、その老夫婦が自殺されたことを知ったからです。

私は、自分自身が彼らの立場に置かれたときに、正直に公表できるだろうか？　と自問しました。

公表すれば、養鶏会社はおそらく倒産する。この養鶏会社は、父から引き継いだ会社。

黙っていたら、ひょっとしたら何事もなくやり過ごせるかもしれない……。人間は弱い生き物です。その老夫婦を叩くことに何の意味があったのでしょうか？　それよりも、鳥インフルエンザを報告した養鶏業者を守る仕組みをつくるなど、構造そのものを変えていかなければ本来の問題解決にならないのでは？　と思ったのです。

特に日本は個人への責任追及が厳しい社会です。何か不祥事や犯罪が起こると、その背景にある構造ではなく、犯人や責任者個人を厳しく追及する傾向にあります。

こうした構造にメスを入れることに得意なのが、アメリカです。アメリカには伝統的に「司法取引」という制度があります。これは、容疑者が真実を白状する代わりに、罪を軽くしてもらう制度です。若いころの私は「いくら自白したからと言って、自白と交換条件に罪が軽くなるなんて、とんでもない！」と感じていました。しかし、この制度の根幹には「罪を憎んで人を憎まず」という考え方があり、真実を明らかにして犯罪の根本原因を明らかにし、根本対策を打っていくという、まさに問題を「構造でとらえる」という考えに基づく制度だったのです。

個人の責任を追及することも大事でしょう。

しかし、根本的な問題解決には構造でとらえる姿勢が何より必要です。

③「事実」を確認する

「構造」をつくる際には、「事実」で確認するようにします。

たとえば、「夜の家族向けの売上を上げる」ためには「客数を伸ばす」と「客単価を伸ばす」が考えられます。

では、現在の「夜に訪れる家族の客数」は具体的に何人なのか？「夜訪れる家族向けの客単価」はいくらなのか？**「解釈」ではなく「事実」で確認していきます。**

トヨタには**「現地現物」**という問題解決の鉄則があります。「現地現物」は、漢字から「とにかく現場を訪れて実物を見る」と勘違いされがちですが、これは半分正しく、半分は誤解です。

「現場を訪れて実物を見る」ことはあくまで手段であって、大事なことは、現場に訪れることそのものではなく、きちんと「事実」を確認し、その「事実」を基に「解釈」することです。

大事なことは、いたずらに現地を訪問するのではなく、目的意識を持って「事実」を特定することです。

そのためには、現地訪問だけではなく、現場を訪問する前にしっかり事前にデータや情報を収集し、自分たちなりに「解釈」を持って現場を訪問し、その「解釈」を確認するために現場で「事実」を確認することが重要です。

課題を幅広くとらえるとは？

MECEというロジカルシンキングの用語があります。「Mutually Exclusive, Collectively Exhaustive」という英語の頭文字を取ったもので、要するに「漏れなく、ダブリなく」という概念です。詳しい解説や考え方は第3部の「論理的コミュニケーション力」で説明しますが、ここでは**「構造を構成する要因を1つに決めつけずに、幅広くとらえる」ためのフレームワークの1つ**だと考えてください。

どういうことかと言うと、たとえばMECEを意識しないと「売上を上げるにはどうするか」を考えた際に、「顧客訪問数を増やす」と決めつけてしまうことがあります。顧客訪問数を増やす以外にも、単価を上げるとか、成約率を上げるとか、他にもいろいろ考えられるはずなのに！　しかし、自分自身の成功体験や思い込みで、「顧客訪問数を増やす」しか考えられず、短絡的に「もっと顧客訪問をしろ！」と部下に命じてしまうのです。

このような過ちを避け、ＭＥＣＥに構造をとらえるには、2つの手法を使います。算数ＭＥＣＥと国語ＭＥＣＥです。

①算数ＭＥＣＥ

「モグ・バーガーの家族向けで夜の売上を伸ばすには」の構造をとらえてみましょう。

いきなり、「広告を打つ」とか「顧客認知度を高める」とか、思いつきで考える前に、まずは「売上」を定量的に因数分解できないかを考えます。

売上＝客数×客単価

ですよね。売上を伸ばすには、客数を伸ばすか、客単価を伸ばすか、その両方かの3通りしかありません。さらに、

客単価＝1人当たりの購買点数×1人当たりの購買単価

客数＝来店数×購買率

のように因数分解できます。

このように、**定量的に因数分解する手法を「算数ＭＥＣＥ」と呼びます**。売上のように定量的に表せる結果は、まずは「算数ＭＥＣＥ」で因数分解できないかを検討します。

②国語ＭＥＣＥ

算数とくれば国語です。「国語ＭＥＣＥ」とは、

「要するに？」
「他には？」
「具体的には？」

の３つの問いを駆使して、ＭＥＣＥに原因を洗い出す手法です。

たとえば「異性にモテるためには？」の構造をとらえる際に、まずは何でもよいので、思いつきでアイデアを出してみます。

仮に「ファッションセンスをよくする」と思いついたとします。

そうしたら、**「要するに？」**と問いかけます。

「ファッションセンスをよくする」とは、「要するに『外面を磨くこと』」と要約したとし

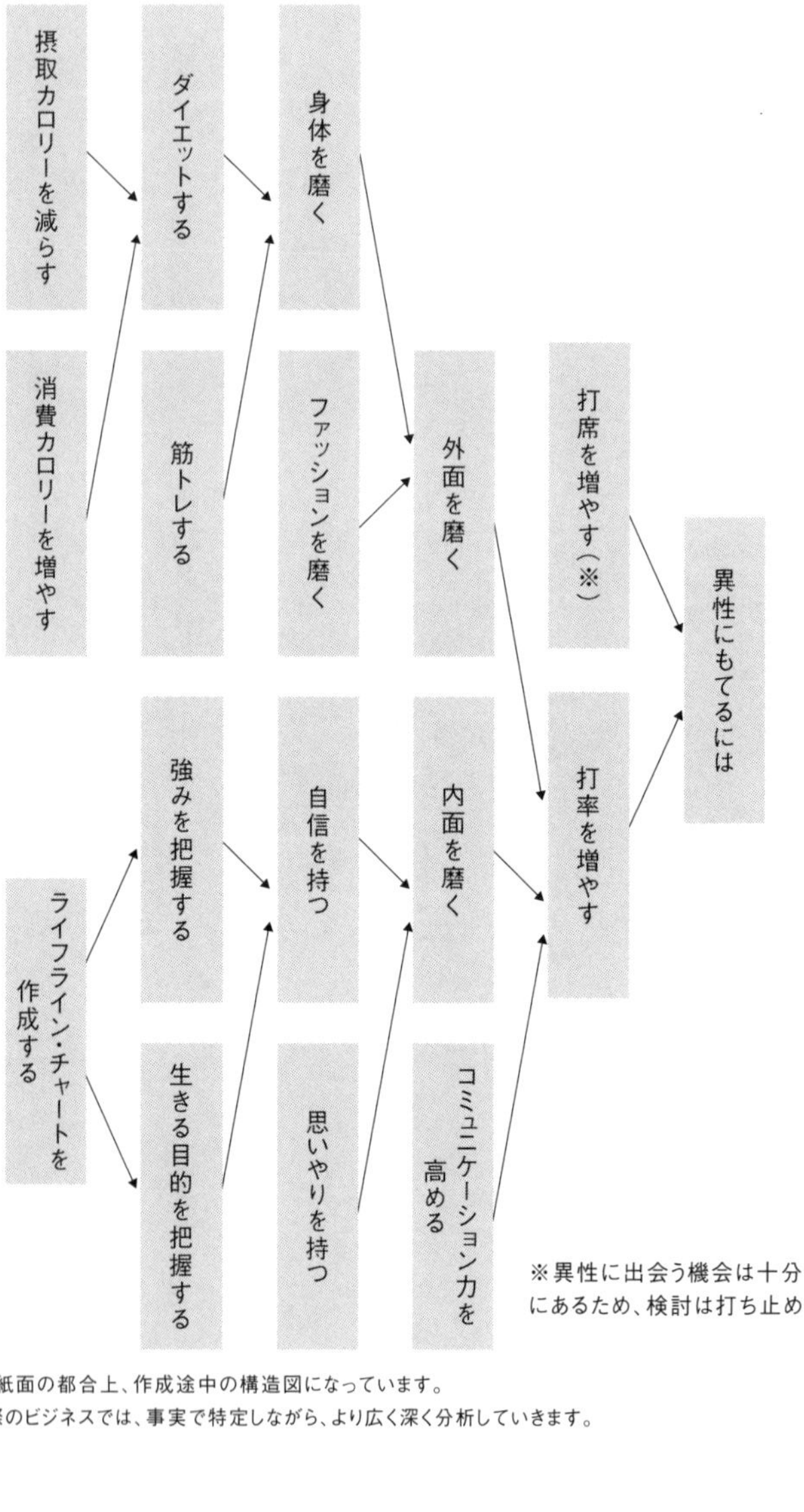

注）紙面の都合上、作成途中の構造図になっています。
実際のビジネスでは、事実で特定しながら、より広く深く分析していきます。

ます。次に、**「他には？」**と問いかけます。
すると「外面以外には、内面を磨かないとな」と気づきます。
そして、**「具体的には？」**と問いかけます。
すると「内面を磨くということは、たとえば『自信を持つこと』だな」と気づきます。
では、自信を持つとはどういうことなのか？　再び、「要するに？」と問いかけます。

このように

「要するに？」「他には？」「具体的には？」

と問いを続けることで、構造が豊かに広がっていきます。
まずは算数MECEで定量的に因数分解した上で、国語MECEで定性的に構造に広がりを持たせることで、「家族向けで夜の売上を上げるには」という抽象的な課題が具体的な構造に落とし込まれるのです。

課題を「論理的」に掘り下げていこう

次に、1つひとつの因果の繋がりを確認していきます。ポイントは2つです。
①論理の飛躍に気をつける
②論理の強弱に気をつける
順に見ていきましょう。

①論理の飛躍に気をつける

簡単な例を出します。

「A君は時間通りに出社するため、夜更かしをやめました」

この例文に、違和感を抱くでしょうか。よくある話ですので、さほど違和感を抱かない

論理の飛躍に気をつける

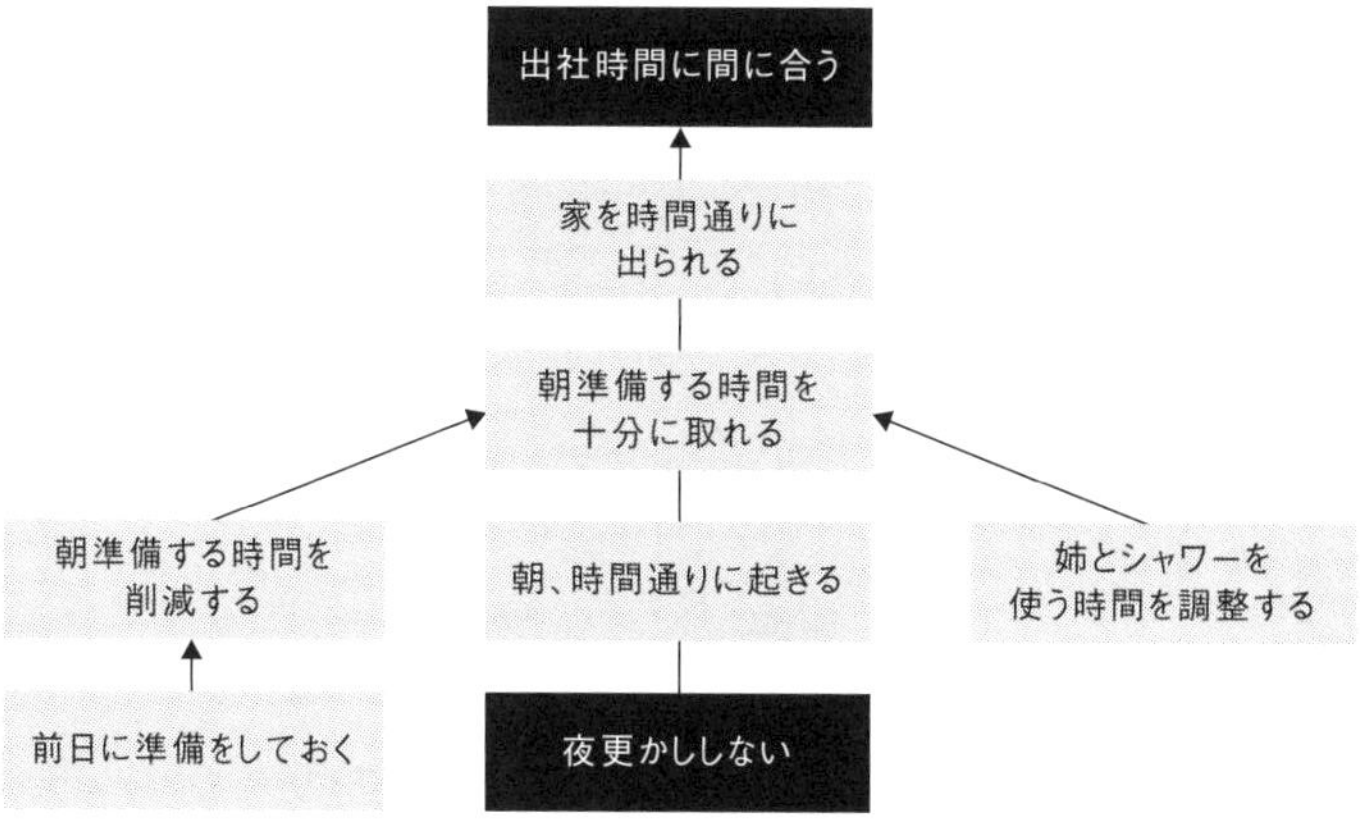

かと思います。

ただ、よくよく考えると、「夜更かし」をやめたからと言って、必ずしも「時間通りに出社できる」わけではなさそうです。

夜更かしをしても、遅刻をしない人たちはたくさんいます。したがって、「夜更かし」→「時間通りに出社する」の間には、**「論理の飛躍」**がありそうです。

「夜更かししない」→
「朝、時間通りに起きる」→
「準備する時間を十分に取れる」→
「家を時間通りに出られる」→
「出社時間に間に合う」

と、実は「夜更かししない」→「時間通りに出社する」の間には、たくさんの論理が隠されているのです。

この繋がりを細かく見ることができていないと、たとえばA君がショートスリーパーで夜更かしをしても朝早く起きられる人間だとすると、せっかく夜更かしをやめたとしても課題は解決できない、ということになります。

ここで、たとえば「朝準備する時間を十分に取れる」と「出社時間に間に合う」に論理的な繋がりがありそうだと判断した場合、**国語MECE**を使って、では、朝十分に準備の時間を取るには、「朝時間通りに起きる」だけでなく、

他に何かないか？

と他の論理を考えます。

すると、たとえば「姉とシャワーを使う時間を調整する」とか、「朝準備する時間を取るために、朝の準備する時間を削減する」と掘り下げて、さらに「前日に準備をしておく」

としてもよいでしょう。

このように、**論理を細かく紡ぐことで、途中の論理の飛躍を防げるだけでなく、間の論理を使って、新しい構造をつくることができます。**

「論理の飛躍に気をつける」が難しいのは、日常のコミュニケーションでは頻繁に「論理の飛躍」を起こしているからです。

実際、たとえば後輩が遅刻をしたとして、その後輩が「遅刻をしたのは、家を出る時間が遅れたからで、その理由は準備する時間がなくて、その理由は朝起きれなくて、その理由は夜更かしして……」とくどくど話したとすると、かなりイラっとしますよね……。

日常生活では、コミュニケーションを円滑にするために、「論理の飛躍」が普通に発生しているのです。

②論理の強弱に気をつける

「風が吹けば桶屋が儲かる」ということわざを訊いたことがあると思います。

「風が吹く」→「突風で砂埃が立つ」→「砂埃が目に入り失明する人が増える」→「三味

論理の強弱に気をつける

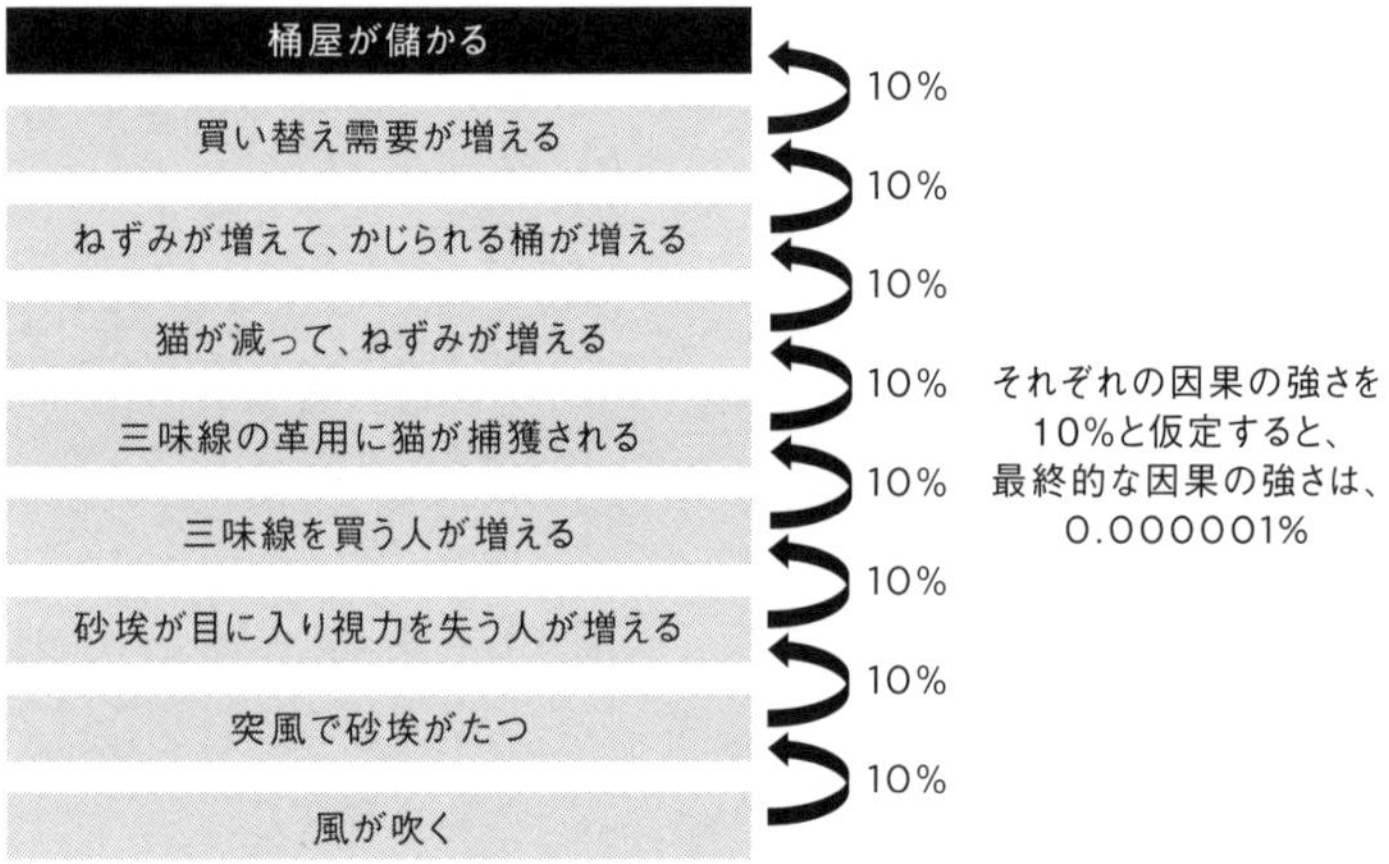

桶屋が儲かる
10%
買い替え需要が増える
10%
ねずみが増えて、かじられる桶が増える
10%
猫が減って、ねずみが増える
10%
三味線の革用に猫が捕獲される
10%
三味線を買う人が増える
10%
砂埃が目に入り視力を失う人が増える
10%
突風で砂埃がたつ
10%
風が吹く
それぞれの因果の強さを
10%と仮定すると、
最終的な因果の強さは、
0.000001%

線を買う人が増える」（昔は三味線奏者は盲目の方がなることが多かった）→「三味線の革用に猫が捕獲される」→「猫が減って、ねずみが増える」→「ねずみが増えて、かじられる桶が増える」→「桶の買い替え需要が増える」→「桶屋が儲かる」……このような因果の繋がりになっています。

この因果の繋がりを見て、「なるほど、たしかに風が吹けば桶屋が儲かるんだな！」と思うでしょうか？

1つひとつは見れば、確かに理屈は通っていそうです。しかし、全体としてみたら、やはり無理があると感じますね。

昔は「風が吹けば桶屋が儲かる」は、「一

見関係がないとみえても、実は因果が隠れている」というポジティブな意味で使われていたようですが、現代ではむしろ「無理やり理屈を繋げている例」とネガティブな例として使われることが多いようです。

なぜ、1つひとつは繋がっているように見えるのに、全体としては無理矢理になってしまうのでしょうか？

それは、**1つひとつの因果の繋がりが弱い**からです。たとえば、突風で砂埃がたったとして、それによってどれくらいの人間が失明するでしょうか？

確かにそういう人もいるかもしれませんが、因果はかなり弱いですよね。

同様に、かりに失明したとして、失明した人の何％が三味線を買うのでしょうか……？

このように、**1つひとつ見たときに、確かに繋がってはいても、その繋がりが弱いものをいくつも繋げると、トータルの繋がりは限りなくゼロに近くなります。**

たとえば、「風が吹く」と「桶屋が儲かる」の間に8段階ありますが、1つひとつの繋がりが10％だとすると、最終的な繋がりは10％の8乗、すなわち、0・000001％となります。

また、1つひとつの因果の繋がりが80％だとしても、3段目で51％、4段目で41％ほどの因果の強さになります。

したがって、「因果の繋がり」は極力強くする必要があるのですが、そのためにはステップ2の「具体的に深める」の中の**「事実を確認する」**が必要になります。

トヨタでは「なぜなぜ5回」と言いますが、なぜそれが可能なのかと言うと、トヨタでは、**「事実で確認する」が徹底されているために、1つひとつの因果の繋がりが極めて強く、5回深掘りしても、全体として因果の繋がりが毀損されない**からです。

「風が吹けば桶屋が儲かる」にならないように、1つひとつの因果の繋がりによく注意しましょう。

打ち手を決める

これまで見てきたように、課題を構造で広く深くとらえることができたら、次は**手を打つ箇所を特定**します。手を打つ箇所を特定するには、1つひとつの行動を、**結果要因と行動要因に分けます。**

結果要因とは、ある行動の結果として動くもので、それ自体では行動を起こせないものです。たとえば、売上を客数と客単価に分けたとして、「客数を上げる」では具体的な行動に起こせません。「客数」はあくまで、何か他の具体的な行動に対して、結果として動くものだからです。

このような結果要因は、あくまでKPI（目標達成のための指標）として管理していきます。

それに対して、**行動要因とは、具体的に行動ができる要因**のことです。

たとえば、「新しいメニューを開発する」であれば、では「開発するためには何をするか？」と次のステップで、具体的な対策を考えられそうですよね。

その上で、行動要因の中で、**成果の上がりそうな行動要因の優先順位をつけて**、予算や時間などの制約要因を踏まえ、次のステップで具体的な対策を取る要因を特定していきます。

と言うのも、挙げた行動要因全てに対策を打つことは不可能だからです。

このとき、優先順位は次の2つの基準で考えます。

①極力多くの要因を解決する行動要因

その要因に手を打てば、上の要因が一気に解決されるような要因です。この行動要因は、より本質的な課題解決に繋がる可能性が高いものです。

②循環構造になっている要因

そこに手を打つことで、プラスの循環構造が生まれるようなものです。

マイナスの循環構造をプラスに

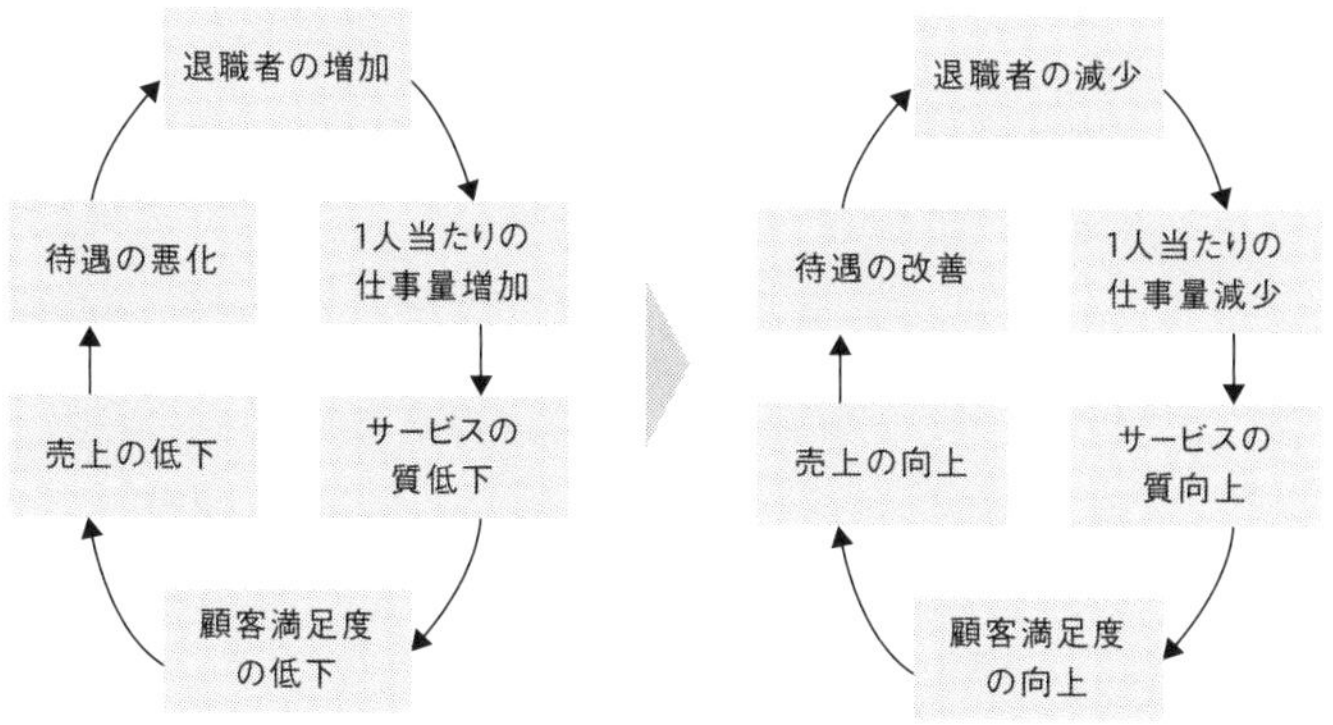

たとえば、退職者が増える↓1人当たりの仕事が増える↓仕事がきつくなる↓退職者が増える……これは、マイナスの循環構造になっていますよね。

逆にとらえれば、退職者を何らかの対策で減らせれば、退職者が減る↓1人当たりの仕事が減る↓ワーク・ライフ・バランスが改善する↓退職者が減る……とプラスの循環構造が生まれます。

プラスの循環構造は、一度つくられると、自動的に課題が解決され、かつ循環しているため、どんどん改善していきます。行動要因を特定する際は、この循環構造をつくり上げることが非常に重要です。

よく練り上げられたビジネスモデルには、このプラスの循環構造が埋め込まれています。ぜひ、プラスの循環構造を見つけ出して、自動的に改善していく構造をつくっていきましょう。

ステップ2　Ｈｏｗのまとめ

・具体的にとらえる

①ステップ1で特定した目標からスタートする

②構造でとらえる　③「事実」で確認する

・幅広くとらえる

①算数ＭＥＣＥ　②国語ＭＥＣＥ

・論理的に掘り下げる

①論理の飛躍に気をつける　②論理の強弱に気をつける

・打ち手を決める

①結果要因と行動要因に分ける　②優先度をつけて、取り組む行動要因を決める

③プラスの循環構造をつくる

ケース
スタディ
2

Ｈｏｗ 構造をとらえよ

「ステップ2 Ｈｏｗ 構造でとらえる」で学んだことを、再び「モグ・バーガー」のケースで具体的に考えてみましょう。

具体的に深める

まずは、「具体的に深める」のうち、ステップ1で特定した箇所である「夜の家族向け」からスタートします。構造を分析していくときもこれを忘れないようにします。そして、単なる思いつきにならないよう、**構造でとらえつつ「事実」で特定**していきます。

「客数は何人なのか」「客単価はいくらなのか」「今までどんな新メニューを開発してきたのか」「家族が入りやすい雰囲気はつくれているのか」「本当に雰囲気をよくすれば客数が伸びるのか」「顧客にアンケートやヒアリングをしたのか」など、１つひとつを事実で確認するのは大変な作業です。しかし、ここを怠ると、「解釈」だけに頼った思い込みの構造分析になる可能性があります。

逆に、しっかり「事実」で確認できれば、地に足のついた具体的な構造分析になり、ステップ3のWhatにおいて、具体的で実行可能性の高い対策を検討することができます。

広くとらえる

続いて、算数MECEと国語MECEを駆使して、広がりのある構造分析を行います。

算数MECEでは、売上＝客数×客単価と分解します。

客数は、さらに新規客、リピート客に分けられるでしょう。

客単価は、**「1人当たりの購入点数×1品あたりの商品単価」**まで分解してみましょう。

すると、客単価を増やすには、次の3択になります。

①1人当たりの購入点数を増やす施策を行うか
②商品単価そのものを上げていく施策を行うか
③その両方を同時に行うか

算数MECEはここまでとして、次に国語MECEに移りましょう。

国語MECEは、「要するに？」「他には？」「具体的には？」を繰り返しながら、構造を広げていく手法でした。

たとえば、「家族向けの夕食メニューの開発」と思いついたとします。「家族向けの夕食メニュー」とは**「要するに」**、「非日常感を高める」とします。

では、「非日常感とは？」と問いかけると「サービス」が出てきます。「サービス」を**「具体的には？」**と問いかけると、たとえば「家族が夕食時に利用しやすい雰囲気づくり」となります。サービスの中身として「雰囲気」の**「他には？」**と問いかけて、「利便性」を思いついたとします。すると、「利便性」の具体的な中身として、「駐車場」「広いテーブル」「キャッシュレス決済」などが思い浮かびます。

以上のように、「要するに？」「他には？」「具体的には？」を繰り返しながら、広がりのある構造をつくっていきます。

この際に、**検討しても無意味なものは、×をつけて消していきます。**

たとえば、「駐車場を広くする」は、スペース的に無理だとすると、検討しても無意味なので×で消します。

ただし、その時点で「駐車場そのものを広くする」ことは無理だとしても、「そもそも駐車場を広くする目的は、「車での来客を促進する」なので、「駐車場を広くする」の「他には」と問いかけると、たとえば「近所の駐車場と提携する」という選択肢も見えてきます。

×なものは×として検討を止めることで無駄な時間を使わないようにする一方で、「要するに？」「他には？」を使いながら、視野を広く保つことです。

論理の繋がりを強める

広がりを持った構造をつくっていく際に、「論理の飛躍」と「論理の強弱」に留意します。

たとえば、「新規メニューを開発する」→「客数が増える」も、「A君が夜更かしする」→「遅刻する」と同様に、「論理の飛躍」がありそうです。なぜならば「メニューを開発」しても、必ずしも来客数の増加に繋がらないケースもあるからです。来客数は増えないけれど、メニュー単価が上がることもあるでしょう。

細かく繋ぐと、「新規メニューを開発」→「顧客がＳＮＳに投稿する」→「口コミが増える」→「新規の家族客が興味を持つ」→「新規顧客が来客する」や、「新規メニューを開発」→「リピート客が興味を持つ」→「リピート客が来客する」となることも考えられるでしょう。

また、「リピート客が興味を持つ」ためには、単に「新規メニューを開発する」だけではなく、別途「新規メニューを既存顧客に宣伝する」ことも必要になってきます。

このように、**１つひとつの要因と結果を細かく紡いでいくことで、論理の見落としを防いでいきます。**

打ち手を決める

そして、最後に打ち手を決めます。まずは結果要因と行動要因を分け、優先度をつけて、どの行動要因に具体的に取り組むのかを決めます。このとき、プラスの循環構造を作り出すことを意識します。

たとえば、「SNS映えする商品開発を行い、地域コミュニティと連携することで、家族向けキャンペーンを実施する」。

これにより、地域コミュニティと連携した家族向けキャンペーンによって、口コミ投稿が増え、そしてSNSのフォロワー数が増え、さらに口コミ投稿が増えるというプラスの循環構造がつくれます。

このように、**構造の中で複数のプラスの循環構造が自動的に回る仕組み**をつくることができれば、それが、自動的に課題が解決される仕組みとなります。

この**循環構造をいかにつくるかが、ステップ2のもっとも重要な肝**とも言えるでしょう。

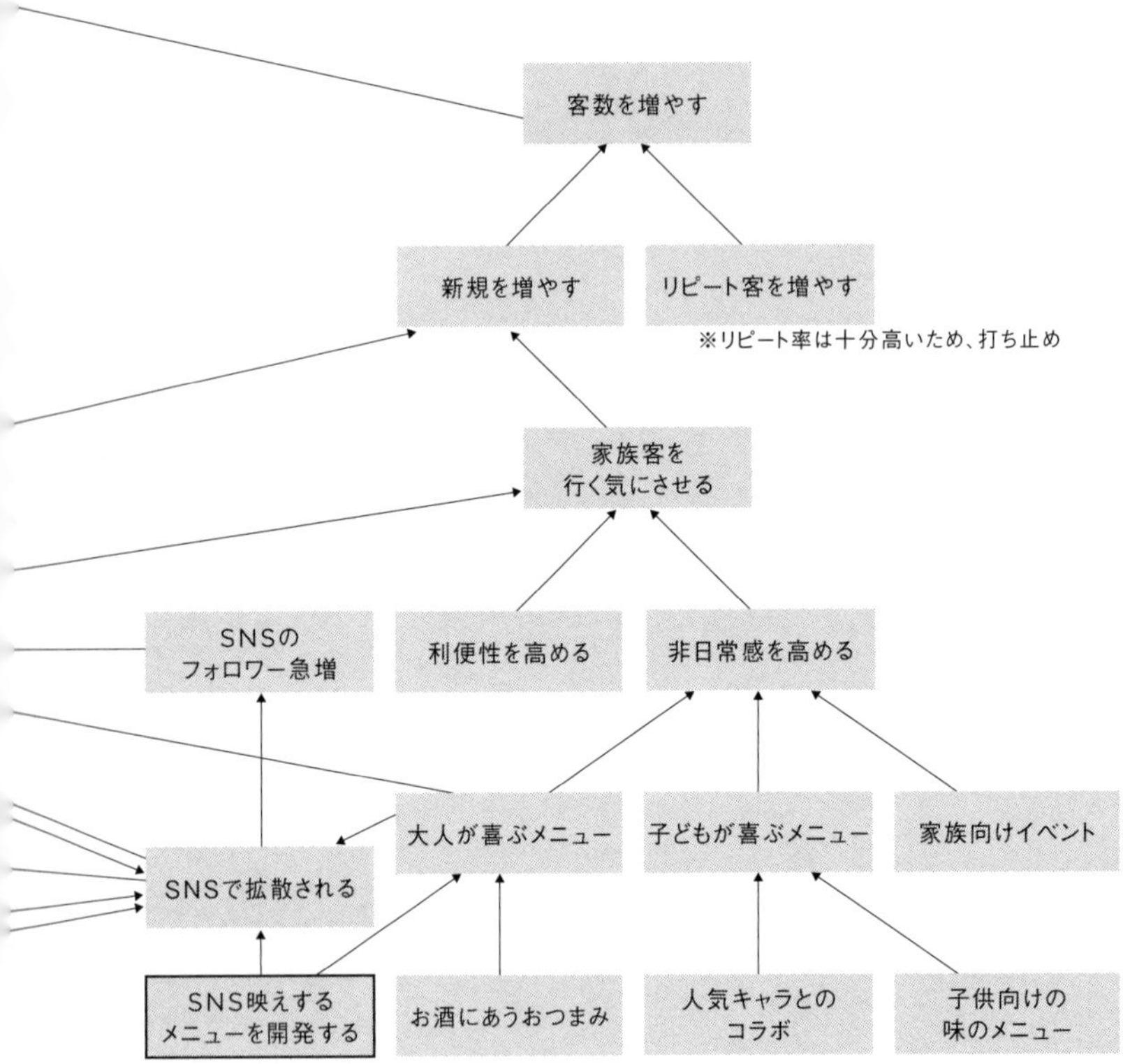

注)紙面の都合上、作成途中の構造図になっています。
実際のビジネスでは、事実で特定しながら、より広く深く分析していきます。

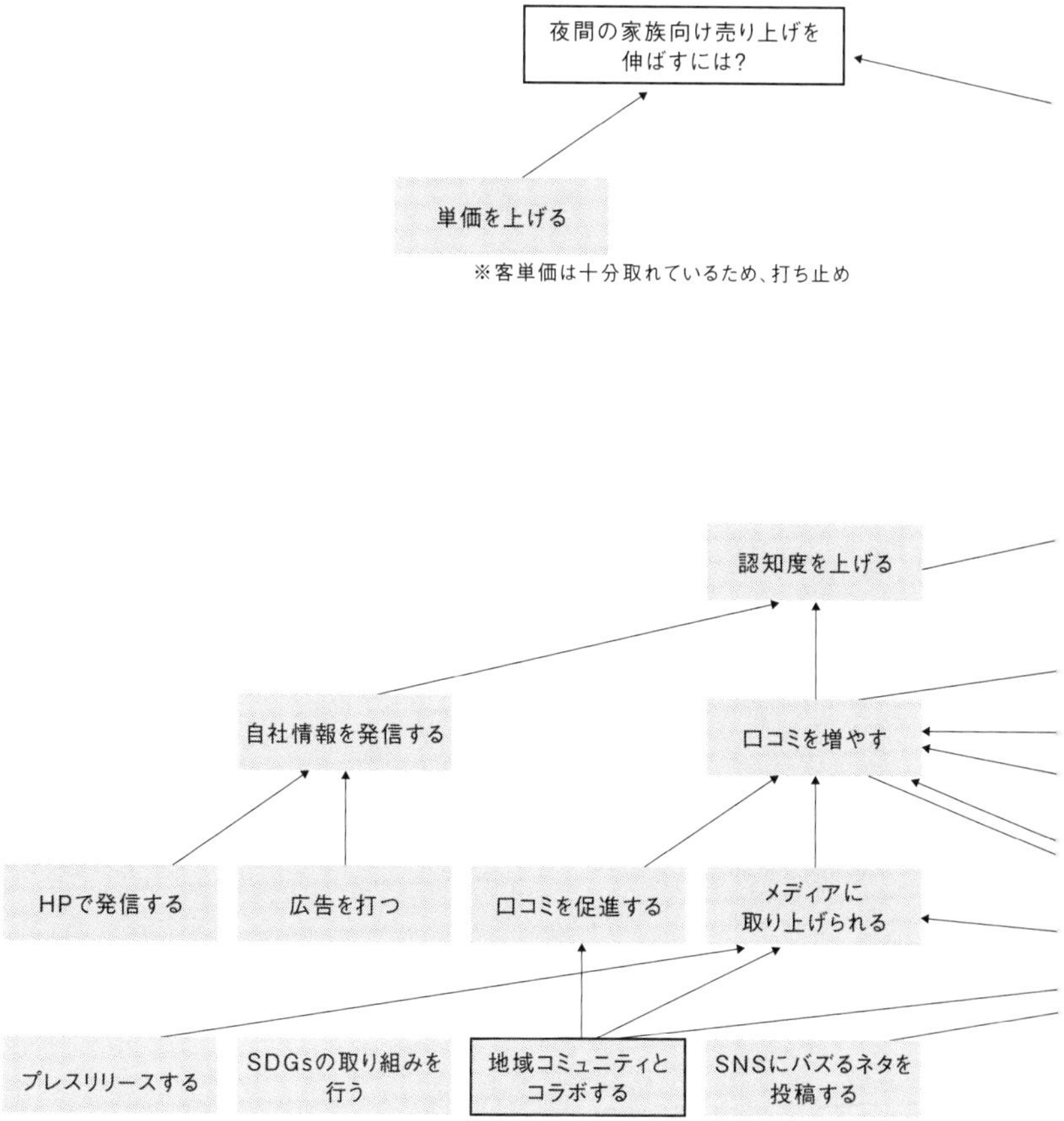
夜間の家族向け売り上げを
伸ばすには?
単価を上げる
※客単価は十分取れているため、打ち止め
認知度を上げる
自社情報を発信する
口コミを増やす
HPで発信する
広告を打つ
口コミを促進する
メディアに
取り上げられる
プレスリリースする
SDGsの取り組みを
行う
地域コミュニティと
コラボする
SNSにバズるネタを
投稿する

第5章

ステップ3
What

具体的に「何を」行うのか？

具体的な行動を決める3つのステップ

ステップ2で、取り組むべき行動要因を特定したら、今度はそれぞれの行動要因に対して、具体的に何をしていくのかを決めていきます。その際のステップは次の3つです。

① タスクを細分化する
②「誰が」「いつまでに」を決める
③ 進捗管理の会議体を設計する

①タスクを細分化する

取り組むべき行動要因を特定したら、その行動要因を実施するために、タスクを具体的に洗い出していきます。

その際の注意点は、**ＭＥＣＥ（漏れなく、ダブりなく）に洗い出す**ことです。ダブりは非効率になるだけなので許容範囲ですが、漏れがあるとタスク全体が実施できなくなる恐れがあるので、**漏れには特に注意**してください。

その際に**「ゴールから逆算」すると、漏れをなくしやすくなります。**

最初にゴール設計をしっかり行い、そのゴールを達成するためには何を行うべきかを、近い順に細かく洗い出していきます。

タスクの洗い出しが終わったら、**実施順にタスクを並べ替えます。**

②「誰が」「いつまでに」を決める

タスクの細分化と並べ替えまで行ったら、あとは「誰が」「いつまでに」を決めます。その際には、必ず**スケジュールに余裕を持たせること**です。計画通りに実施できることはまずあり得ません。必ず不測の事態が発生し、場合によっては全体のスケジュールを見直す必要が出てきます。どの程度余裕を持たせるかは一概に答えられませんが、感覚的に2～3割ぐらいの余裕を見ておくとよいでしょう。

③進捗管理の会議体を設計する

ここまでで、具体的なスケジュール表が完成しました。あとは進捗管理をしながら、進めるのみ！　進捗管理をする際には、必ず「会議体」を設計して、仕組みとして進捗管理できるようにしましょう。

「会議体」というのは、１つの目的のために予め複数回にわたって設計される会議の集合体のことです。通常は、週に1回程度、決まった日時に30分～1時間ほど設定すればよいのですが、細かく進捗管理が必要なものであれば、毎日短時間で進捗管理する場合もあるでしょう。

ここまでで、課題解決の実行フェーズまで終わりました。

多くの組織では、実行した後、そのまま「やりっぱなし」になっています。しかし、本当に大事なのは、**最後の「振り返り」と「学びの共有」**です。

対策を実行した後は、ステップ2のＨｏｗで決めたＫＰＩが想定通りに動いているか、動いていれば、ステップ1で設定した目標が想定通りに達成できているのかを確認します。もちろん、想定通りに課題が解決できていればベストですが、そうではないケースもあるでしょう。

対策実行後は、「やりっぱなし」にするのではなく、必ず、

想定通りであれば「成功要因」を特定し、成功体験を組織内で共有、想定通りでなければ、原因を特定し、原因への対策を実行しましょう。

このように、PDCAサイクルを回すことで、個人としても組織としても、どんどん成長していきます。

ケーススタディ 3
Whatで、打ち手を決定せよ

それでは、モグ・バーガーのケースに戻り、Whatを決めましょう。
ステップ2では、以下に取り組むことに決めました。

「SNS映えする商品開発を行い、
地域コミュニティと連携することで家族向けキャンペーンを実施する」

①タスクを細分化する

まずはゴール設計が重要です。
ここでは、キャンペーンを実施し、その効果測定を行って、改善策まで検討することをゴールとしましょう。このゴールから逆算してタスクを洗い出していきます。

ステップ	タスク内容	担当者	完了予定日
ステップ1:マーケット調査	1. ファストフード業界のSNSトレンド分析	山田/佐藤	1月8日
	2. 競合他社の商品・キャンペーン分析	山田/佐藤	1月8日
	3. 地元市産業振興課との打ち合わせ	山田	1月15日
ステップ2:商品開発	1. 地域連携を踏まえた新メニューのコンセプト策定	山田/高橋	1月29日
	2. 新メニュー案作成	山田/高橋	2月5日
	3. 新メニューのプロトタイプ製作	高橋	2月12日
ステップ3:キャンペーン実施	1. 新メニュー発表・キャンペーン計画の最終決定	佐藤	2月19日
	2. キャンペーン素材の準備・SNS広告計画	佐藤	2月26日
	3. キャンペーンの実施とモニタリング	全員	3月5日 - 3月19日
ステップ4:フィードバック収集と分析	1. キャンペーン効果の測定	佐藤	3月26日
	2. 顧客フィードバックの収集・分析	佐藤	4月2日

②「誰が」「いつまでに」を決める

続いて、「誰が」「いつまでに」を決めます。

ここまでで、スケジュールは完成します。

③進捗管理の会議体を設計する

最後にスケジュールが「絵に描いた餅」にならないように、進捗管理をする会議体を設計します。プロジェクトのキックオフ、週次の進捗管理、月次レビュー、重要マイルストーンの確認、プロジェクト検証の会議を現時点で設定し、関係者の予定を確実に押さえておきましょう。

以上により作成したスケジュール表と会議体の例を挙げています。このように、スケジュール表を作ってチームで共有し、全員の認識を合わせて着実に計画を実行していきましょう。

会議の種類	目的	日時
プロジェクトキックオフ会議	プロジェクトの目的、目標、役割、スケジュールの共有	2024年1月2日
週次進捗会議	各部門の週間進捗の共有、問題点の特定と解決策の検討	毎週水曜日
月次レビュー会議	月間の成果の評価、次月の目標の設定、リスクの再評価	毎月第1火曜日
重要マイルストーン前の特別会議	主要なマイルストーンの前に、進捗の確認と調整	ステップ2開始前（2024年1月27日）ステップ3開始前（2024年2月17日）
プロジェクト終了会議	プロジェクトの成果の評価、学びの共有、今後の改善点の議論	2024年4月5日

課題解決力こそが新しい時代をつくる

ここまでで一通り、課題解決の流れとポイントをお伝えしました。

Ｗｈｙ→Ｈｏｗ→Ｗｈａｔが全ての課題解決の基本形です。

この3つのステップの中で最重要かつ見落としがちなのが、Ｗｈｙです。Ｗｈｙがあるからこそ、人はモチベーションを高く保って、苦しいＨｏｗとＷｈａｔに取り組むことができます。


成果を出す人は、以下の3つを兼ね備えた人間です。

①自ら目的を設定し（Ｗｈｙ）
②自ら、やるべきことを考え（Ｈｏｗ）

③それを愚直に実行していく（Ｗｈａｔ）

非常にシンプルですが、シンプルこそがいちばん大事で、かつ実践するのが難しいのです。

たとえば、大谷翔平さんは、①高校生のときにドラフト1位指名6球団という目的を設定し、②そのためにやるべきことを考え、③それを愚直に実行してきたのだと思います。

逆に、昔ながらのやり方は、次です。①指導者が目的を設定し、②指導者がやり方を指示し、③選手がその指示を愚直に実行する。

どちらが成長するか、明らかではないでしょうか。

これは、スポーツの世界だけではなく、ビジネスの世界でも当てはまる真理です。経済成長が当たり前、画一されたよいものを安くつくれば売れた時代は、「やるべきこと」が明確で、昔ながらのやり方でも成果が出せたかもしれません。

しかし、これからは、そもそも成長自体が頭打ち、価値観が多様化されて、技術的な進化も加速度的に速くなり、社会の変化も激しい時代です。そのような不透明な時代にあって、「指示されたことを愚直にこなす人間」ではなく、そもそも「何のために生きるのか」「何のために働くのか」「なぜそれを行うのか」というＷｈｙを考えられる人間こそが求められます。そして、Ｗｈｙをしっかり持てるからこそ、高いモチベーションでＨｏｗを考え、Ｗｈａｔを愚直に実行できるのです。

課題解決の考え方を整理できるように、課題解決フォーマットを用意しました。本書の課題解決に興味を持たれた方は、以下のホームページからダウンロードして活用してみてください。

ＵＲＬ：https://2econsulting.co.jp/download/

第3部

論理的コミュニケーション力

第1章

論理的コミュニケーション力5つのポイント

「論理的」とは、「AだからB」が繋がっている状態

課題解決を進めるにあたっては、周りに納得して動いてもらうことが必要になることが多いでしょう。特に、難易度が上がれば上がるほど、1人で解決することが難しくなります。課題解決を適切に進めるにあたっては、独りよがりになるのではなく、自分が動いてほしい相手の意図や興味関心を理解し、相手の立場になって、こちらの提案を論理的に分かりやすく整理して説明する必要があります。

その際に必要となるのが「論理的コミュニケーション力」です。

では、そもそも「論理的」とは、どのような意味なのでしょうか？

「論理的」とは「論理」の形容詞なので、「論理」を広辞苑で調べてみると、

思考の形式・法則。また、思考の法則的な繋がり。実際に行われている推理の仕方。論証のすじみち。比喩的に、事物間の法則的な繋がり。「歴史的発展の――」

とあります。なんだかよく分からない表現ですが、簡単に言えば、**「AだからB」が繋がっている状態**、ということになります。

たとえば、「キムタクは人間である」は、誰でも納得してくれるでしょう。このような「事実」に対しては、わざわざ論理的にするために、いろいろ考える必要はありません。

しかし、「キムタクは格好いい」となるとどうでしょうか？「確かに！」とか「キムタクは私のタイプ！」と、納得してくれる人も多いとは思いますが、「いや、アイツは格好よくないと思う」とか「キムタクって、そんなに格好いい？」と疑問を呈する人たちも出てくるでしょう。こういう「解釈」に対しては、しっかり論理的に考えて伝える必要があります。

では、「論理的コミュニケーション力」を身につけるには、何に気をつければよいのでしょうか。

第1部でお話ししたように、私は若い頃、上司や先輩に、「お前の話は論理的じゃなくて、分かりづらい！」とよく言われ、「君の報告書は、何が書いてあるか、よく分からない」と報告書を突き返されたことが何度もありました。

あるとき、勇気を出して、先輩に「何が、どう論理的じゃないんですか？」と聞いたことがあります。でも、その先輩からは「う～ん、とにかく、読みづらいんだよ」としか返されず、何をどうしたら論理的に分かりやすくなるのか、さっぱり分かりませんでした。

もし、社内で今でもこのような状況が続いているとしたら、社員はいつまで経っても再現性のある「論理的コミュニケーション力」が身につくようにはなりません。

この部では、「論理的コミュニケーション力」を身につけるには、具体的に、どのポイントに気をつけたらよいのかをお伝えしていきます。

では、まずは、次の演習に取り組んでみてください。

演習

あなたは某自動車部品メーカーの○○工場の人事総務部で働いており、工員の福利厚生を担当している。あなたの工場では、工員の生産性が競合他社よりも低いことが問題になっている。あなたの上司は、あるビジネス雑誌で「毎朝始業前にラジオ体操を導入したら、工場の生産性が高くなった」という記事を読み、あなたに「うちも毎朝始業前にラジオ体操を導入すべきだろうか？　今本社に出張中で、明日総務部長と打ち合わせだから、明日までに簡単なメールを送ってほしい」と指示した。そこであなたは、いろいろ調べた上で、上司に報告メモを提出することにした。

問題

「導入すべき」という前提で、上司への報告メモを書いてみましょう。

（※足りない情報は自由に仮定を置いて、補ってください）

どのような文章を書いたでしょうか。ここで書いた文章は、この章が終わった後に見直すとして、まずは次の文章を読んでみてください。

これは、ある社員が書いたあまり論理的ではない、分かりづらい文章です。一読して、「どこが」「どのように」論理的に分かりづらいのか考えてください。

山田部長

いろいろな事例を調べましたが、確かにラジオ体操と生産性には相関関係があるみたいです。なぜかというと、筋肉を動かすと心身ともに活発化することが科学的に知られています。したがって、始業前にラジオ体操をすることで、工員は心身ともにハツラツとした状態で仕事を始められることで、集中力が高まって、ミスも減り、生産性が高まると言われています。また、朝早くラジオ体操を義務にすることで、工員の遅刻が減るために、工員の相互交流が深まり、離職率が減ります。ラジオ体操によって軽い運動をすると、体内への血液循環が活発になります。朝でも脳や身体をしっかり動かすことができるので、生産性が高まると思います。したがって、ラジオ体操を導入することは、うちの工場にとって大きなメリットがあります。また、生産性向上には、ラジオ体操だけではなく適度な休憩も必要でしょう。

いくつ、論理的に分かりづらいポイントを見つけられたでしょうか？

ここでは、よくある回答例を見てみましょう。

よくある回答例

✓いろいろな事例って、何？
✓ラジオ体操と離職率は関係あるのか？
✓ラジオ体操と生産性の相関関係は、本当に科学的に知られているのか？
✓ハツラツと集中力は関係あるのか？
✓遅刻と相互交流が繋がっていないのではないか？
✓相互交流が深まれば本当に離職率が減るのか？
✓生産性から離職率に話が移り、その後、生産性に戻っているので、分かりにくい
✓結局「ラジオ体操を導入すべきかどうか」に答えていない
✓デメリットやリスクについて一切触れられていない
✓結論ファーストではない
✓メリットがあっても、そもそも毎朝ラジオ体操に工員が出席できるか不明
✓段落分けされておらず、箇条書きでもないので、ぱっと見て読みづらい
✓「適度な休憩が必要かどうか」は聞かれていない

これらは、全て論理的ではなくなるポイントです。

逆に言えば、これらが「なぜ論理的ではないのか？」を体系化できれば、その逆である「論理的に伝えるためのポイント」が定義できるということです。

では、これらの回答例を、体系的にまとめてみましょう。

相手に伝える力　その①「とらえる力」

✓「適度な休憩が必要かどうか」は聞かれていない

これは、よくある**「聞かれていないことを答えてしまう」**というパターンです。

相手からは「そんなことは聞いていない！」と怒られてしまいます。

なぜ、こういうミスが発生するのかというと、相手の論点を正しくとらえることができていないからです。したがって、相手に伝えるために最初に必要な力が、**論点を正しくと**

らえる力です。ここでは、これを「とらえる力」と呼びます。

相手に伝える力　その②「まとめる力」

✓生産性から離職率に話が移り、その後生産性に戻っているので、分かりにくい
✓段落分けされておらず、箇条書きでもないので、ぱっと見て読みづらい
✓結論ファーストではない

これらは、要するに文章がまとまっていないパターンです。

相手からは「文章が無駄に長い！」とか「もっと端的に話してくれ！」と怒られてしまいます。

というわけで、相手に伝えるための2つ目の力は、雑多な情報やデータを端的にまとめる力です。これを「まとめる力」と呼びましょう。

相手に伝える力　その③「答える力」

✓結局「ラジオ体操を導入すべきかどうか」に答えていない

これは、せっかく論点をとらえ、雑多な情報やデータを整理したにもかかわらず、最終的に論点に答えていないパターンです。相手からは「……で？」と聞かれてしまいます。結局問いには答えず、上司に答えを委ねている部下が少なくありません。**勇気を出して論点に答える力を「答える力」**と呼びましょう。

相手に伝える力　その④ 繋げる力

✓いろいろな事例って、何？
✓ラジオ体操と生産性の相関関係は、本当に科学的に知られているのか？

これらは、せっかく論点をとらえ、雑多な情報やデータをきれいにまとめ、論点に答えたものの、その論拠が曖昧だったり、弱かったりするために、相手から「……本当にそうなの？」と疑問を持たれてしまうパターンです。自分の主張を相手に納得させるために、**主張を論拠で繋げる力を、「繋げる力」**と呼びましょう。

相手に伝える力　その⑤ 広げる力

✓デメリットやリスクについて一切触れられていない
✓メリットがあっても、そもそも毎朝ラジオ体操に工員が出席できるか不明

これらは、せっかく論点をとらえ、雑多な情報やデータをきれいにまとめ、論点に答え、主張を論拠で支えてみたものの、他の重要な視点がスッポリ抜けてしまっているので、相手から「……他には？」と聞かれてしまったり、「○○は調べたの？」と返り討ちにあってしまったりするパターンです。

このように、**視点をしっかり広げて網羅する力を「広げる力」**と呼びましょう。

論理的とは…

一般的な論理構造

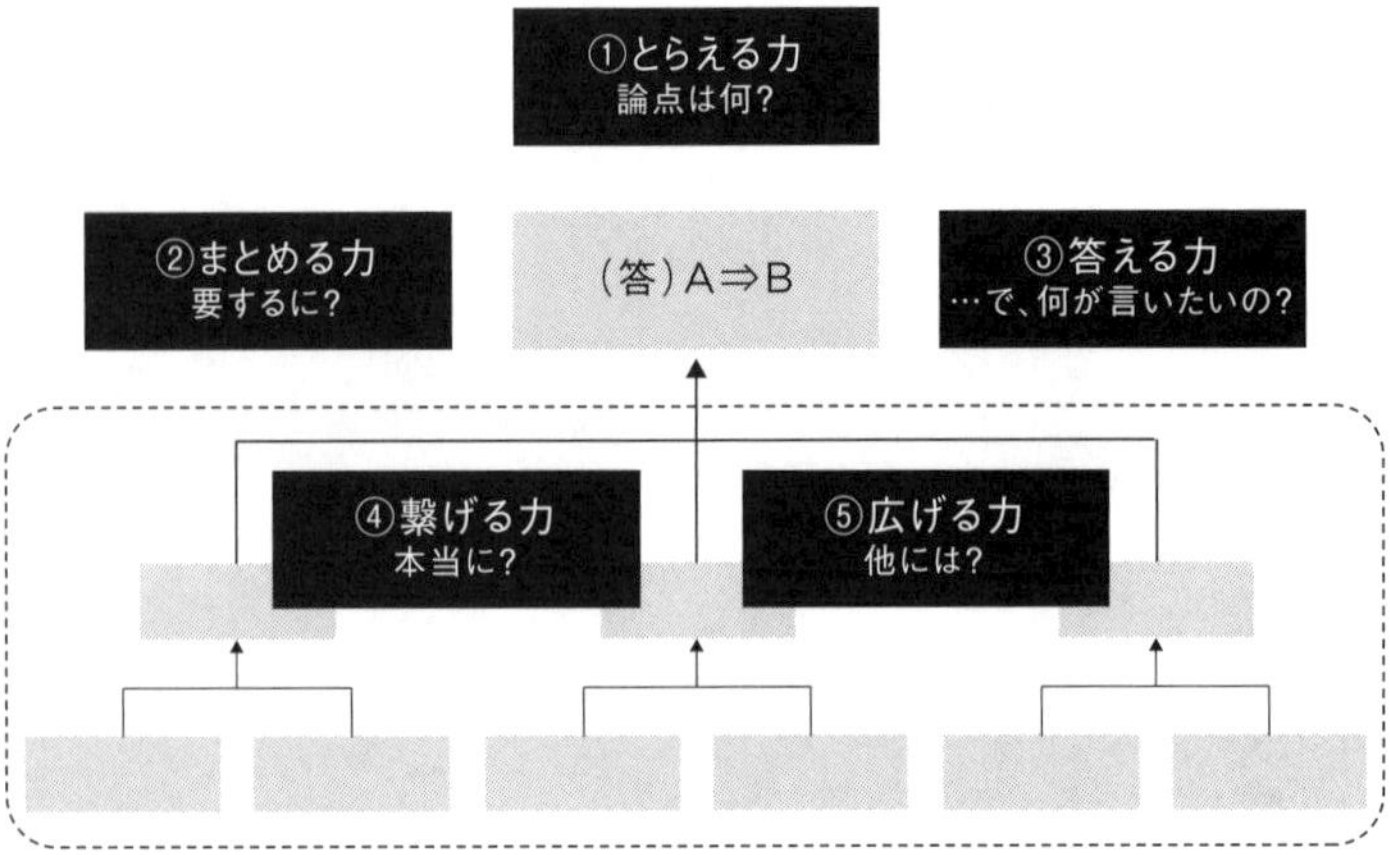

このように相手に正しく伝えるためには、

①**「とらえる力」**
②**「まとめる力」**
③**「答える力」**
④**「繋げる力」**
⑤**「広げる力」**

の5つが必要になります。

大事な点は、これらの5つの力は**掛け算の関係**、すなわち全てバランスよく備えていないといけないということです。**このうちのどれか1つでも欠けていると、その時点で相手に正しく伝えることができなくなってしまいます。**

「ロジカルシンキング」には、ピラミッド構造というツールがあります。

自分の主張を論拠で支え、さらにその論拠を論拠や事実で支えていくことで、まさにピラミッドのような構造になります。このピラミッド構造をつくることで、論理性が高まり、説得力のある主張をつくることができるようになります。

ピラミッド構造自体は、論理的コミュニケーション力を高めるために、非常に強力なツールです。

しかし、「ロジカルシンキング」が苦手な方は、どうやらこのピラミッド構造で「なんか難しい、分からない……」とつまづいてしまうようです。

本書で伝える5つの力をしっかり身につければ、図のようなピラミッド構造は自然と完成します。「ピラミッド構造」というなんとも難しそうな言葉に惑わされず、「5つの力」をしっかり身につけ、しっかりした「ピラミッド構造」がつくれるようになりましょう。

では、この5つの力について、順に見ていきましょう。

第2章

伝える力1「とらえる力」

論点をとらえる。ところで、論点って何？

「とらえる力」とは、「論点を正しくとらえる力」と定義しました。

では、そもそも「論点」とは何でしょうか？

例によって広辞苑で調べると、
議論の要点。議論すべき中心点。「――が定まらない」

とあります。これはこれで正しいのですが、「相手に伝える」という観点では、この定義だとちょっと使いにくいので、本書では、論点を以下のように定義します。


論点とは、「答えるべき問い」です。

たとえば、「今晩のおかず、何が食べたい？」「明日は傘を持っていったほうがいいかな？」「ダイエットのためには何をしよう？」「我が社は、この新規事業を開始すべきだろうか？」

これらは、全て「論点」です。

「なんだ、そんなことか、当たり前じゃないか」と思った人も多いと思います。しかし、実はこの「論点」＝「答えるべき問い」を正しくとらえることができるかが、相手に論理的に正しく伝えるために、もっとも大切なことであると言っても過言ではありません。

たとえば、私のクライアントの社長から、以前こんな依頼がありました。

「会議がイケていないので、会議ファシリテーションの研修をしてほしい」

ここでの表面的な論点は、

「提案できるファシリテーションの研修はどのようなものか？」

になります。しかし、本当にそれでよいのでしょうか？

この社長や社員の方々とじっくり話をしてみると、実は「会議がイケていない」というのは表面的な論点でしかなく、より本質的には、そもそも社員が思いつきで考えてしまうこと、社長自身が部下に考える習慣を与えていないことなど、より根深い問題があり、その結果として「会議がイケていない」状態になっていることが分かりました。本当の論点は、

「社員が思いつきではなく、しっかり考えて提案させるためにはどうするか？」

だったのです。

このように、論点は、相手自身が気づいていないことも多く、相手とのコミュニケーションから発見できることもあります。

では、正しい「論点」を発見するには、どのようなポイントに気をつけたらよいのでしょう？　これから考えていきましょう。

ここで、今一度、ラジオ体操の提案で、正しい論点について考えてみます。

状況（再掲）

あなたは某自動車部品メーカーの〇〇工場の人事総務部で働いており、工員の福利厚生

を担当している。あなたの工場では、工員の生産性が競合他社よりも低いことが問題になっている。あなたの上司は、あるビジネス雑誌で「毎朝始業前にラジオ体操を導入したら、工場の生産性が高くなった」という記事を読み、あなたに「うちも毎朝始業前にラジオ体操を導入すべきだろうか？　今本社に出張中で、明日総務部長と打ち合わせだから、明日までに簡単なメールを送ってほしい」と指示した。そこであなたは、いろいろ調べた上で、上司に報告メモを提出することにした。

ここでの「論点」として、以下の5つを用意しました。
この中で、正しい論点はいくつあるでしょうか？

①ラジオ体操のメリットは何か？
②離職率は、ラジオ体操で下げられるかどうか？
③生産性向上のために何をすべきか？
④なぜラジオ体操を導入すべきなのか？
⑤我が社はラジオ体操を導入すべきかどうか？

答えはゼロです。①~④ですが、上司が聞いているのは、あくまで「ラジオ体操を導入すべきか」であって、メリットや離職率、その理由について聞かれているわけではありません。

では、⑤はどうでしょうか？　一見正しい論点に見えます。しかし、この論点では、たとえば、以下のような答えが出てくる可能性があります。

「ラジオ体操を導入すべきです。なぜならば、離職率が下がるからです」
「ラジオ体操を導入すべきではありません。なぜならば、△△工場や□□工場では、社員が遠方に住んでおり、半分の工員がフレックスタイム制度で10時出社だからです」

前者については、そもそもラジオ体操を導入する目的は、離職率ではなく生産性向上です。

後者については、そもそもラジオ体操を導入する工場は○○工場であって、△△工場でも、□□工場でもありません。

このように、論点を設定するときは、具体的に設定する必要があります。そのときには、

5W1Hが使えます。今回ですと、「**生産性向上（Why）**のために、**我が社（Who）**は、**○○工場（Where）**に**ラジオ体操（What）**を導入すべきかどうか？」が正しい論点になります。

次に、以下の状況を考えてみましょう。

あなたは結婚10年目の男性サラリーマン、妻は専業主婦です。週末は上司やお客さまとゴルフに行くことが多いのですが、ゴルフバッグは購入してから10年が経ち、だいぶみすぼらしくなっています。見かねた上司から「そろそろゴルフバッグを買い換えろ」と言われました。家計の決裁権限は妻が握っているため、妻を説得しなければなりません。以下、3つの答えのうち、どれがもっとも妻に刺さるでしょうか？

正しく論点をとらえるためには?

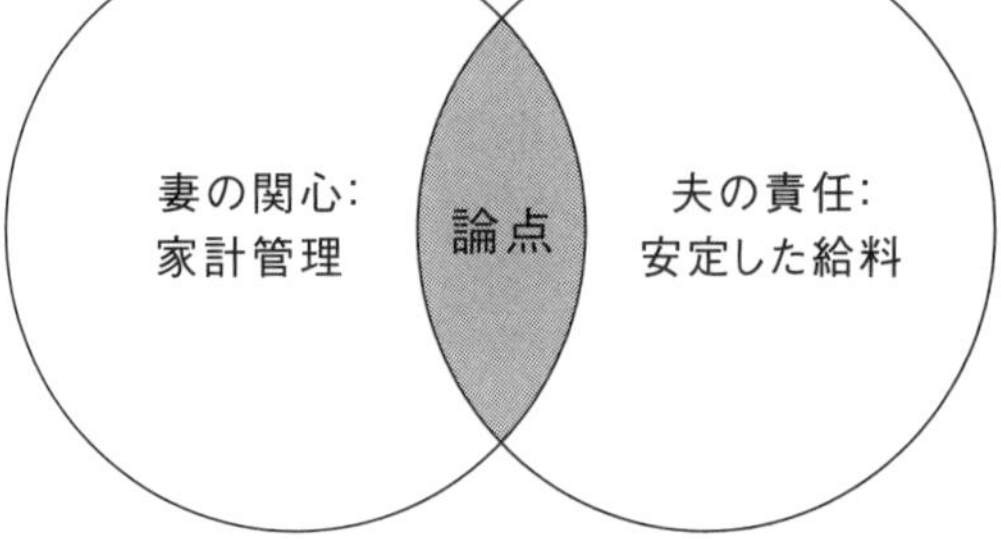

①「今のゴルフバッグはみすぼらしく、気持ちよくプレーできない。もっと格好いいバッグに変えて、気分よくプレーしたい」

②「上司から、『ゴルフバッグを買い換えろ』と言われている。上司の好意を無駄にしないようにゴルフバッグを買わせてほしい」

③「ランチ代を節約して、何とか5万円貯金できた。家計には迷惑をかけないから、どうか購入させてほしい」

実際に奥さまに決裁権を握られている方、実感を持って考えてみてください。そうでなければ、この方の身になって考えてみましょう。

それぞれ妻に刺さる要素はありそうですが、注意すべきは、自分目線で考えないこと。ポイントは、**相手の興味と自分の責任範囲を設定し、その交点**をとらえることです。分かりやすく図で示すと、右の図のようなイメージです。

今回は、妻の関心を「家計管理」、そして夫の責任は「安定した給料」としましょう。このように設定すると、妻の論点は「ゴルフバッグを購入することで、家計に影響を与えるか否か？」になります。

とすると、①も②も、妻の関心からは外れそうです。①は「あんたが気持ちよくプレーしようが、知ったこっちゃない」、②も「あんたが上司に媚びを売りたいだけでしょ」となり、③だと「あら、うちの家計に迷惑をかけないで、きちんと給料を持ってきてくれるなら、いいわよ」となりそうです。

もちろん、前提次第で、①も②も、答えになりえます。たとえば、妻の関心が「夫が明るい顔で趣味を楽しんでほしい」、夫の責任が「楽しく充実した人生を送ること」だったら、

①はドンピシャでしょうし、妻の関心が「夫を支えて出世を後押しする」で、夫の責任が「会社で出世する」であれば、②もドンピシャな答えになり得ます。

このように、**相手の関心をとらえ、自分の責任範囲との重なりで論点を設定する**ことで、相手の関心にも合い、かつ自分の責任を果たせる論点を設定できます。

逆に、この2つを外してしまうと「そんなことは聞いていない」となってしまいます。今一度、普段、自分本位な論点を設定していないか、

「相手目線」で論点を設定できているか

見直してみることをお勧めします。

第3章

伝える力2
「まとめる力」

まとめる力とは、グルーピングして適切にラベリングする力

まずは以下の演習をやってみてください。

演習

近所の居酒屋さんが、最近ランチメニューを始めました。あなたはランチメニュー表を見ましたが、どうもメニューの中身が頭に入ってきません。あなたは、このランチメニュー表をどのように整理しますか？

醤油ラーメン　ニラレバ定食　焼肉定食　親子丼
焼きそば　担々麵　コーヒー　牛丼

オレンジジュース　豚丼　紅茶　日本酒
ビール　生姜焼き定食　唐揚げ定食
ワイン　焼酎　ビビンバ丼

ここで、「まとめる力」のポイントを3つ挙げておきます。

①共通の要素にしたがってグルーピングする
②グループにラベリングする
③ラベルの大きさを合わせる

まずは①と②を考えてみましょう。改めて、右のメニューを、**①共通の要素にしたがってグルーピングし、②そのグループにラベリングをしてみる**と、こんな感じに整理できます。

【麺類】 醤油ラーメン　担々麺　焼きそば
【定食】 ニラレバ定食　焼肉定食　生姜焼き定食　唐揚げ定食
【丼もの】 牛丼　豚丼　親子丼　ビビンバ丼
【飲み物】 日本酒　ワイン　焼酎　ビール　コーヒー　オレンジジュース　紅茶

だいぶ分かりやすく整理できたと思います。

最後に、**③ラベルの大きさを合わせる**ことを考えてみましょう。

【麺類】【定食】【丼もの】【飲み物】を並べたときに、違和感を抱きますか？

私のように、「ロジカル」を日々考えている変わり者にとっては、【麺類】【定食】【丼もの】【飲み物】は、実はとても気持ち悪いのです。

たとえばですが、「男性」と対になる単語は何でしょうか。「女性」ですよね。では、「質」とくれば「量」、「動物」とくれば「植物」ですよね。

同様に、「飲み物」とくれば「食べ物」なのです。

したがって、【麺類】【定食】【丼もの】【飲み物】の中で、【飲み物】だけが、言葉が大きい。これが気持ち悪さの原因です。

これを踏まえて改めて整理すると、このようになります。

【食べ物】

【麺類】醤油ラーメン　担々麺　焼きそば

【定食】ニラレバ定食　焼肉定食　生姜焼き定食　唐揚げ定食

【丼もの】牛丼　豚丼　親子丼　ビビンバ丼

【飲み物】

【アルコール】日本酒　ワイン　焼酎　ビール

【ノンアルコール】オレンジジュース　紅茶　コーヒー

それでは、①共通の要素にしたがってグルーピング、②分類したグループにラベリング、③ラベルの大きさ合わせ、のそれぞれについて、もう少し詳しく見ていきましょう。

共通の要素にしたがってグルーピングする

演習

以下のスポーツを、共通の要素を見つけて、なるべくたくさん、グルーピングしてみましょう。

サッカー　アメフト　柔道　剣道　野球　競泳　クリケット　バレーボール

バスケットボール　フィギュアスケート　水球　ボクシング　マラソン　ラグビー

ゴルフ　卓球　テニス

いろいろなグルーピングが考えられますね。たとえば、

球技か球技以外か？　武道か武道以外か？　道具を使う競技かそれ以外か？

格闘技かそれ以外か？　オリンピック競技かそれ以外か？
発祥の国別、点数で競うか否か、時間で競うか否か……

他にもいろいろな分類が考えられますが、**どの分類が適切かどうかは、「論点」次第**です。たとえば、論点が「次のオリンピックで新規採択されるべき競技は何か？」であれば「オリンピック競技か否か」が適切なグルーピングになるでしょう。また、球技が苦手な新入生が部活動を選ぶときであれば「論点」は、「球技ではないスポーツは何か？」となり、適切なグルーピングは「球技か、それ以外か」になるでしょう。

先述の定食屋さんのケースでは、**「論点」は「お客さまにとって、分かりやすいメニューは何か？」**なので、メニューの種類ごとに分けるのが適切でしたが、お客さま次第で、たとえば、お肉の種類での分類が絶対的に必要であることがあります。お客さまにイスラム教徒が多い場合です。この場合は、「豚肉かどうか？」が絶対的に必要なグルーピングです。私がインドにいたときは、ほぼ全てのレストランで「ベジタリアン料理かどうか」で真っ先に分類されていました。インド人の約3割がベジタリアンだからです。

分類したグループにラベリングする

演習
以下にラベリングすると、どのような言葉が適切でしょうか？
ミネラルウォーター　お茶　コーヒー　炭酸飲料　スポーツ飲料　果汁飲料

どのようなラベリングを考えたでしょうか？

おそらく、多くの方々が「飲み物」とラベリングしたと思います。確かに、これらは全て「飲み物」ですよね。正しいです。

では、なぜ「液体」にしなかったのでしょうか？　これらは、全て「液体」なのに。

おそらく「液体」だと、「流石に言葉が大きすぎる」と考えたのだと思います。

分類したグループにラベリング

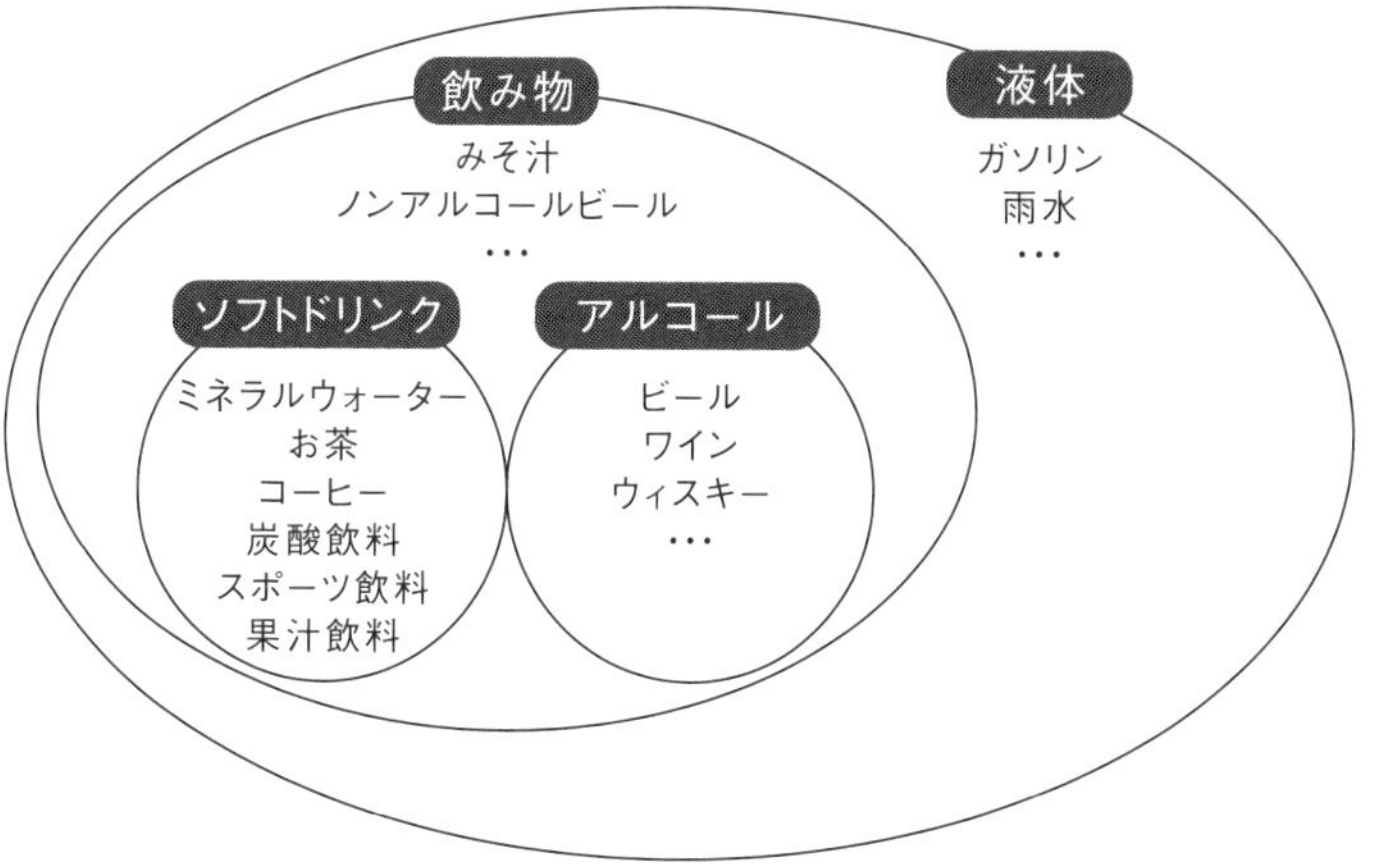

では、「飲み物」が本当に適切なラベルでしょうか？ 「液体」→「飲み物」としたように、「飲み物」をさらに絞ったラベルはないでしょうか？

そう考えると、「ソフトドリンク」とするのが、もっとも絞れたラベリングになるでしょう。ポイントは、「飲み物」でも正しいのですが、きちんと「本当にこの6つを表すラベルが、『飲み物』でよいか考え抜いたかどうか？」です。

その上で、**「論点」を踏まえて**、「飲み物」を選択することもあると思います。

たとえば、ファミレスの「ドリンクバー」

には、ビールなどのアルコールが含まれていないことが多いのですが、「ソフトドリンクバー」ではなく、「ドリンクバー」となっています。これは、「ソフトドリンクバー」とすると、語呂が悪いとか安っぽい、あるいは、ソフトドリンクがあるならアルコールもあるのかと思われる可能性もあるなどの理由で、お客さまとの間で誤解が出ない前提で「ドリンク（飲み物）」としているのでしょう。

一般的には、ついつい大きなラベリングになってしまうことが多いものです。ビジネスにおけるラベリングは目次であり、道しるべです。

「ここの項目は、○○について話しているよ」と宣言をしているわけです。このラベリングが曖昧だと、読んでいる最中に読み手は迷子になってしまいます。場合によっては、読み手が勝手に、書き手の意図とは全く違うラベリングをしてしまうこともあるでしょう。そうなると、読み手は「あれ？　○○について書いてあるはずなのに……」と混乱してしまうのです。

一方、適切な言葉でラベリングされていると、読み手は、多少中身が長かったり、分かりづらかったりしても、迷いなく読み進めることができます。

ラベリングは、本当に自分の伝えたいことを端的に表しているのかをしっかり考えて、**曖昧だったり、大きすぎたりするラベリングにならないように**気をつけましょう。

演習

上司の代理として、ある会議に出席しました。その会議では、次の3つが議論されました。会議が終わった後、上司から「昨日の会議、何についての会議だった？」と聞かれました。あなたは、何と答えるでしょうか？

・精密機器事業部の売上は、中国の需要減により、前年比20％減
・テレビ事業部の売上は、前年比横ばい。新製品の売上増が、中国の需要減を相殺
・カスタマーサービス部の売上は、前年比倍増。新規サービス開始が功を奏す

これも、いろいろな答えが考えられると思います。研修でいちばん多い答えが「売上についてです！」という答えです。この場合、上司とのやり取りは、以下のようになることが想定されます。

上司　「売上について話し合われたんだね。では、その売上は会社全体の？　商品別？　部署別？」

あなた「部署別です」

上司　「なるほど。では、その売上は、いつの売上なんだい？　今年度？」

あなた「はい、今年度の売上です」

上司　「その売上は、今年度のだけ？　予算とか昨年度と比較していないの？」

あなた「はい、昨年度と比較しています」

上司　「では、事業部別昨年度比の本年度売上増減だね。その増減理由については話し合われた？」

あなた「はい」

上司　「昨日の会議で話し合われたのは、事業部別売上前年比増減とその理由だね」

実にまどろっこしいやり取りですよね。最初に、「相手目線」にこだわりましょう、と話をしましたが、「相手目線」に立っていないので最速で伝えることもできていません。

最初からビシっと「事業部別売上前年比増減とその理由です」と答えていれば、無駄なく最速で相手に言いたいことが伝わるでしょう。

このように、ラベリングは「飲み物」のように広げすぎても、今回の会議のケースのように曖昧で抽象的すぎてもダメです。

必要な要素を盛り込んだ上で「ジャストサイズ」なラベリングを意識しましょう。

ラベルの大きさを合わせる

先ほどの定食屋さんのケースで、「食べ物」「飲み物」と言葉の大きさを合わせました。ラベルの大きさ合わせは慣れればできるようになります。次はどうでしょうか？

演習

次の単語それぞれに対応する、同じ大きさのラベルを考えてみましょう。

①質
②自動車
③剣道
④東京

⑤机

回答例

質　↓　量

自動車　↓　飛行機

剣道　↓　柔道

東京　↓　パリ

机　↓　椅子

たとえば、自動車↓A380（エアバス社の機体）、剣道↓球技、東京↓アメリカ、机↓家具、とすると、言葉の大きさが合いませんよね。日常生活でも、この「ラベルの大きさ」を少し意識すると、「まとめる力」は格段に上がっていきます。

第4章

伝える力3「答える力」

曖昧耐性を鍛えよう

まずは、簡単な演習から。

演習

あなたは上司から、「今度のお客さん（○○商事の山田さま）との会食は、どのレストランにしたらよいだろうか？」と聞かれています。

なお、山田さまは最近着任したばかり。仕事では何度かお話ししていますが、初めての会食です。なので、今回の会食の目的は、ビジネスの会話というよりも、プライベートも含めてお互いをよく知るためです。予算は社内規定で1人1万円以内と決まっており、予算を超える場合は、別途本部長の事前承認が必要になります。

以下のように上司に回答したとしましょう。この返答をもらった上司は、なんと思うでしょうか？

回答例

調べたところ、候補は3店舗あります。

最初の候補は、新橋にあるイタリアン「イルボリート」です。先方の山田さまのご自宅までの帰り道にあり、かつ山田さまは大のイタリアン好きで、前々から「このお店に行きたい」とおっしゃっていました。個室の雰囲気もカジュアルすぎず、かしこまりすぎず、会食にはもってこいです。ただし、予算が1人15000円と、若干オーバーしておりますので、このお店の場合は、私が別途本部長への承認申請を出しておきます。

2番目の候補は、銀座にある中華「芳香苑」です。ここは、山田さまが大好きな高級焼き餃子が有名でして、個室の円卓席もあり、静かです。費用も1人8000円と予算内ですが、若干店構えが安っぽいことが難点です。

3番目の候補は、有楽町にある老舗ドイツ料理「バーデンバーデン」です。山田さまはドイツ駐在経験があり、大のドイツビール好きですが、「日本ではドイツビールを飲もうにも、値段が高くて……」とおっしゃっていたので、確実に喜んでいただけるかと思います。ただし、ガード下という立地で、少し騒々しく、接待には不向きかもしれません。

3候補ともに、甲乙つけがたいですが、どれにしましょうか？


いくつか候補を挙げた上で、山田さまの交通の便や飲食の好みを踏まえ、上司に検討材料を与えています。まぁ悪くない返事かもしれません。

しかし、本当にそうでしょうか？　ここでの「論点」を思い出しましょう。

「論点」、すなわち「答えるべき問い」は、

今度のお客さま（○○商事の山田さま）との会食は、どのレストランにしたらよいだろうか？

でした。これに対して、回答例の部下が出した答えは、

「候補は3店舗あります。どれも甲乙つけがたいですが、どれにしますか？」です。これでは、「論点」に答えていません。

「論点」に答えるための材料だけを提示していて、最後の「答える力」を上司に委ねてしまっています。

これでは、上司から「分かったから、結局どのレストランがいいんだ？」となってしまいます。

きっと、読者の中にも、心当たりのある方が多いのではないかと思います。実は、これは私の商社時代での実体験です。

ある会食のレストランの選定を依頼されたときに、同じような回答をしたのですが、その上司からめちゃくちゃ怒られました。その上司からは、**「上司に考えさせるな。上司の役割は、YESかNOかを決めることだ」**と言われたものです。

実は、この「答えない」という現象は、社内の風通しが悪い会社によく見られます。せっかく答えたとしても上司から否定されたり、無視されたりすることで、「答える」という勇気を持てない、もしくは「答える」ことを諦めてしまっているからです。

もし自分の会社の社員が「答える力」が弱いと感じる経営者や管理職の方がいらしたら、そもそも「答える」風土があるのかどうか、見直す必要があるでしょう。

ビジネスにおいて、１００％完璧な情報・データを入手できることはあり得ません。

ヒト・モノ・カネ等の経営資源が限られている中で、限られた情報データ（「事実」）から、自分なりに「解釈」し、論点に答える必要があります。

曖昧な情報・データから、答えを出し切る胆力を「曖昧耐性」と言いますが、「答える力」には、この「曖昧耐性」を鍛えることが重要です。

第5章

伝える力4
「繋げる力」

具体化、相対化、定量化

まずは、簡単な演習から。

演習
「取引先をA社にするべきです。なぜならば、A社がよいからです」

以上の提案は、論点に対する答えと、その論拠から成り立っています。
ただし、論拠である「A社がよい」は、主張を支える論拠としては、弱いですね。仮定は自由に置いてかまいませんので、「繋げる力」を高めるために、論拠をより具体的に変えてみましょう。

様々な回答例が考えられると思います。

「A社はコストが安い」「A社は信頼性がある」「A社は実績が豊富だ」「A社はミスが少ない」等々。

これらは、「A社がよい」と比べると、はるかに「繋がる力」が強くなっています。しかし、まだ不十分です。もう少し「繋げる力」を強めることができます。

そのポイントは次の3つです。

① 具体化する
② 相対化する
③ 定量化する

まずは「何がよいか」を具体化します。仮に「コストが安い」としましょう。

次に、相対化します。仮に「競合他社と比較して」としましょう。

最後に定量化して、「10％1億円」としましょう。

すると、**「コストが競合他社と比較して、10％1億円安い」**となり、「繋げる力」がぐっと高まったことが感じられるかと思います。

①具体化、②相対化、③定量化の3つを意識することで、「繋げる力」は飛躍的に高まります。

「論理の飛躍」はないか？

「繋げる力」を強めるために、これから、もう3点、注意するポイントをお伝えします。これは「課題解決」にも出てきたポイントなので、復習だと思って読んでください。

まずは、「論理の飛躍」から。

質問

A君は、大事な朝の会議に遅刻してしまいました。上司であるあなたは「なぜ遅刻したんだ!?」と問いただしました。A君は、「申し訳ありません、夜更かししました！」と答えました。

確かに「夜更かしした」→「遅刻した」は論理的に繋がりがありそうです。しかし、本当にそうでしょうか……？

夜更かししても、遅刻しない人もいます。「夜更かしは確かに事実だが、朝は早起きできた」と間が繋がっていない可能性もあります。「夜更かしした」と「遅刻した」の間を、もう少し細かく論理を繋いでみましょう。

すると、「夜更かしした」→「寝坊した」→「朝の準備時間が不足した」→「家を出る時間が遅れた」→「電車に乗り遅れた」→「遅刻した」と、実は間に様々な事象が隠れていたことが分かります。

遅刻して謝るのであれば、「夜更かししました、申し訳ありません」ですむかもしれません。しかし、たとえば「クレームが発生した」「事故が発生した」「売上が減少している」等のより深刻な事象の場合、「夜更かしした」→「遅刻した」のような飛躍は、思い込みである可能性があり、相手から「本当にそうなのか？」と疑問を呈されてしまう可能性があります。

「繋げる力」を高めるには、論理を細かく繋いでいかなければなりません。

「論理の強弱」に気をつけろ

「課題解決力」のステップ2Ｈｏｗで出てきた「風が吹けば桶屋が儲かる」を覚えていますでしょうか。「風が吹く」と「桶屋が儲かる」の間に、「風が吹く」→「突風で砂埃が立つ」→「砂埃が目に入り失明する人が増える」→「三味線を買う人が増える（昔は三味線奏者は盲目の方がなることが多かった）」→「三味線の革用に猫が捕獲される」→「猫が減って、ねずみが増える」→「ねずみが増えて、かじられる桶が増える」→「桶の買い替え需要が増える」→「桶屋が儲かる」という論理が繋がっています。

１つひとつは確かに「それっぽい」のですが、**1つひとつの論理が弱いために、「風が吹く」→「桶屋が儲かる」の繋がりが、ほぼゼロになってしまっています。**

それは因果関係か？
ただの相関関係か？

気温が上がると、アイスクリームが売れます。

この両者は、相互に関係しているので、「相関関係がある」と言います。

一方、「気温が上がる」→「アイスクリームが売れる」という因果関係はありますが、その逆である、「アイスクリームが売れる」→「気温が上がる」という因果関係はありません。

このように、相関関係があるものの因果関係を逆にとらえてしまう間違いがよく起こります。

ビジネスにおいても、相関関係と因果関係を誤って解釈する例は多く見られます。

たとえば、次のような例です。

・広告支出と売上の増加

企業の広告費と、売上に相関関係が見られることがあります。これを見て、「広告支出の増加が売上増加の原因である」と解釈されがちですが、実際には売上がすでに増加傾向にあるために広告支出が増えている可能性もあります。

つまり、売上増加が広告支出の増加を引き起こしている場合も考えられるのです。

・従業員満足度と企業の業績

企業における従業員の満足度と、その企業の業績に相関関係がしばしば見られます。一般的には「従業員が満足しているから業績がよい」と解釈されますが、逆に「企業の業績がよいため、従業員が満足している」という解釈も可能です。

つまり、よい業績が従業員の満足度を高める原因かもしれません。

・テクノロジー投資と生産性の向上

企業が新しいテクノロジーに投資した金額と生産性に相関関係が見られることがあります。これを見ると、「テクノロジー投資が生産性向上の原因」と考えることが一般的ですが、すでに生産性が向上しているために新しいテクノロジーへの投資が可能になったという解釈も考えられます。

これらの例から分かるように、ビジネスにおいてもデータの相関関係を正しく理解し、適切な因果関係を見極めることが重要です。**表面的な相関だけでなく、背景にある複数の要因を考慮する**ことが、正確なビジネス判断には不可欠です。

さらには、**相関関係すらないのに**相関があるように見てしまって、さらにはそこに因果関係まで断定してしまうことすらあります。

有名な例として、「アイスクリームが売れると、溺死する人間が増える」というものがあります。「そんなわけあるか！」と思われると思いますが、ちょっとおつき合いください。

先ほど述べたように、「気温が上がるとアイスクリームが売れる」は相関関係があります。

また、「気温が上がると溺死する人間が増える」も相関関係があります。

つまり、「気温が上がる」を除いて、**「アイスクリームの販売量」を横軸に「溺死する人の**

「疑似相関」にまどわされない

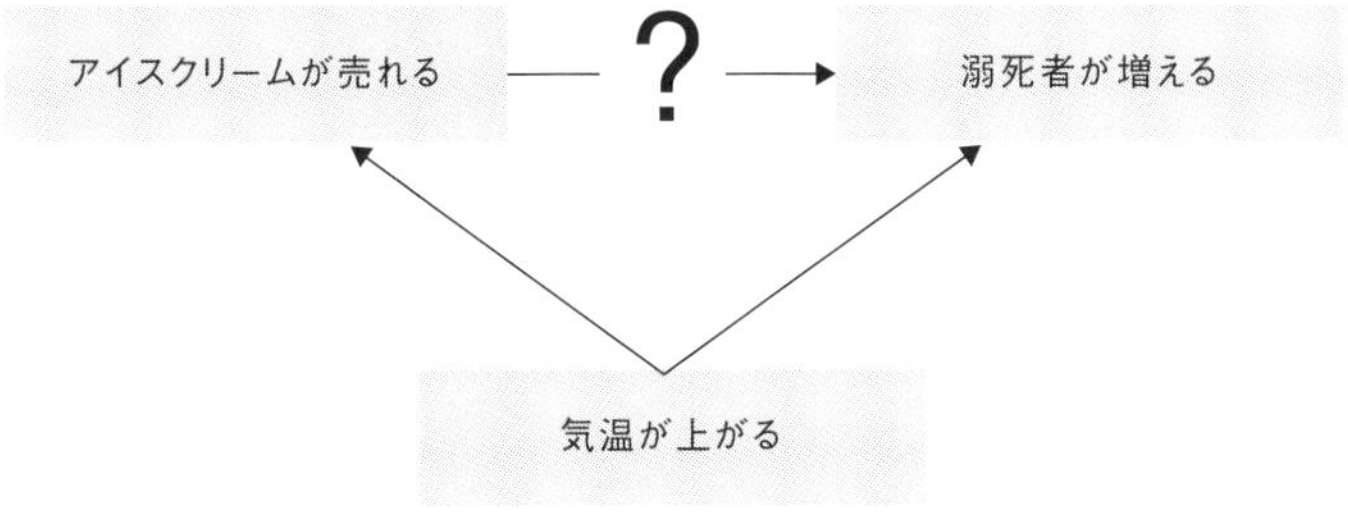

数」を縦軸にグラフをつくると、一見すると相関関係があるように見えるのです。こうした状況を**「疑似相関」**と言います。

これだけ分かりやすければ騙されないでしょうが、**世の中には「疑似相関」をあたかも「因果関係」としてとらえているものが、結構あります。**

たとえば「朝食を食べる家庭の子どもは偏差値が高い」というデータがあります。実際に文部科学省がこのデータを出したことで、朝食を食べる家庭が増えたそうです。でも、これも「疑似相関」の可能性が極めて高いのです。

要するに、朝食を食べる家庭は、一般的に裕福だったり、家庭の教育がしっかりしている。そうすると、教育にお金をかけられたり、子どもにしっかり勉強する習慣を身につけさせることができるわけです。

ダイエットや健康系のテーマを扱っているテレビ番組に、このような疑似相関をあたかも因果関係があるように伝えているケースは、かなりあります。

ビジネスにおける疑似相関の例として次のようなケースが考えられます。

・従業員数の増加と企業の利益の増加

企業の従業員数が増えると同時に利益も増えるという相関関係が見られることがあります。しかし、これは市場全体の成長や業界の景気回復など、他の要因が同時に影響を与えている可能性があります。従業員数の増加自体が直接利益の増加を引き起こしているわけではないかもしれません。

・ソーシャルメディア・フォロワー数と製品の売上

企業のソーシャルメディアのフォロワー数の増加と、製品の売上の増加に相関関係が見られることがあります。しかし、この相関関係は製品の質やマーケティングキャンペーン、市場の需要など、他の多くの要因によっても影響されている可能性があります。単にフォロワー数が多いからといって、直接的な売上増加に結びつくとは限りません。

・社内のコーヒー消費量と生産性の向上

ある企業でコーヒーの消費量が増えた時期に生産性が向上するという相関が見られたとします。これを見て、コーヒー消費が生産性向上の原因であると結論づけることは疑似相関に陥る可能性があります。実際には、冬季などの寒い時期にコーヒー消費が増え、同時に特定のプロジェクトや業務の繁忙期が重なることが生産性向上の真の原因かもしれません。

これらの例では、ビジネス上のデータや傾向において、**見かけ上の相関関係が必ずしも因果関係を意味しない**ことが示されています。**疑似相関を避けるためには、複数の角度からデータを分析し、他の可能性も検討する**必要があります。

「解釈」は「事実」で支える

ここもすでに「自己基盤力」「課題解決力」でも出てきたポイントですが、重要なので、再度復習しましょう。

次の5つの中で、「事実」はいくつあるでしょうか？

アイスコーヒーは冷たい
東大生は頭がよい
キムタクは格好いい
新幹線は速い

春は暖かい

どれも、正しそうな選択肢ですよね。確かにアイスコーヒーは冷たいし、東大生も頭がいいし……。しかし、この中で「事実」は、ゼロ、1つもありませんでしたね。

ここで、「事実」の定義をもう一度確認しましょう。「事実」とは、100人が100人、全員の意見が一致する論理です。

たとえば、「キムタクは男である」は、異論がないですよね。100人が100人、意見が一致します。しかし、「キムタクは格好いい」となると、どうでしょうか？　大半は「確かに」と納得するかもしれませんが、一部には「いや、私のタイプではないのよね」とか「いや、俺はキムタクの生き方は格好いいと思わない」など、反論する人も出てくるでしょう。このような事象は、「事実」ではなく「解釈」になります。では、冒頭の選択肢に戻りましょう。以前も挙げた例なので、ここでは、最初の二つだけを取り上げます。

アイスコーヒーは冷たい

確かに、一般的には冷たいでしょう。しかし、たとえば、喫茶店の客席で長い時間放置されたアイスコーヒーはぬるくなっているかもしれません。

東大生は頭がよい

確かに、東大生は、入試での偏差値は高かったでしょう。しかし、「頭がよい」というのは、偏差値だけでは測れません。賢く世渡りする力等、いろいろな頭のよさがあり、そういう意味では必ずしも「東大生は頭がよい」とは言えないでしょう。あるいは、たとえば、アインシュタインと比べたら必ずしも一般的な東大生が「頭がよい」とも言えないでしょう。

と、ここまで読んでも、「いや、アイスコーヒーは冷たい！ なぜならば、アイスコーヒーの定義はそもそも冷たいコーヒーであって、冷たくないコーヒーはそもそもアイスコーヒーではないからだ」等の反論もあるかもしれません。

しかし、ここで**重要なのは、「あなたがどう思うか」ではなく、１００人の中で１人でも納得できない人がいる可能性がある**ということです。

では、この選択肢を「事実」に書き直すと、どうなるでしょうか。

たとえば、「東大生は頭がよい」は解釈ですが、「２０２０年度の東大合格者の平均偏差値は68である」とあると、これは「事実」です。

「新幹線は速い」は解釈ですが、「東海道新幹線の最高時速は２８５キロです」は事実です。

このように、「解釈」単独では、相手に「本当に？」と思われてしまう可能性がありますので、**「解釈」を相手に主張する際には、必ず「事実」を確認する**ようにしましょう。


「解釈」は「事実」で支えることで、論拠の力が強まります。

第6章

伝える力5「広げる力」

ＭＥＣＥの４パターンとは？

いよいよ最後の力、「広げる力」です。

第２部でもお話しした、ＭＥＣＥ（Mutually Exclusive, Collectively Exhaustive）の使い方をここではもう少し丁寧にお話ししましょう。まず、各単語の意味は次の通りです。

- **Mutually：互いに、相互に**
- **Exclusive：重複せず、被らず**
- **Collectively：まとめて、全体に**
- **Exhaustive：漏れなく**

直訳すると、**「相互に重複せず、全体として漏れがない」**という意味ですが、要するに**「漏れなく、ダブリなく」**という意味だと理解してください。

では、第2部のケーススタディを思い出して、次の質問に答えてみてください。

質問

あなたはモグ・バーガーの売上を分析しようとしています。

次のうち、MECE（漏れなく、ダブリなく）に検討できているものはどれでしょう？

①子ども、学生、会社員、無職

②ハンバーガー、ポテト、ドリンク

③午前、午後、平日、休日

④A店、B店、C店

この答えを考える前に、MECEの4パターンをお伝えします。

MECE（漏れなし、ダブリなし）の4パターン

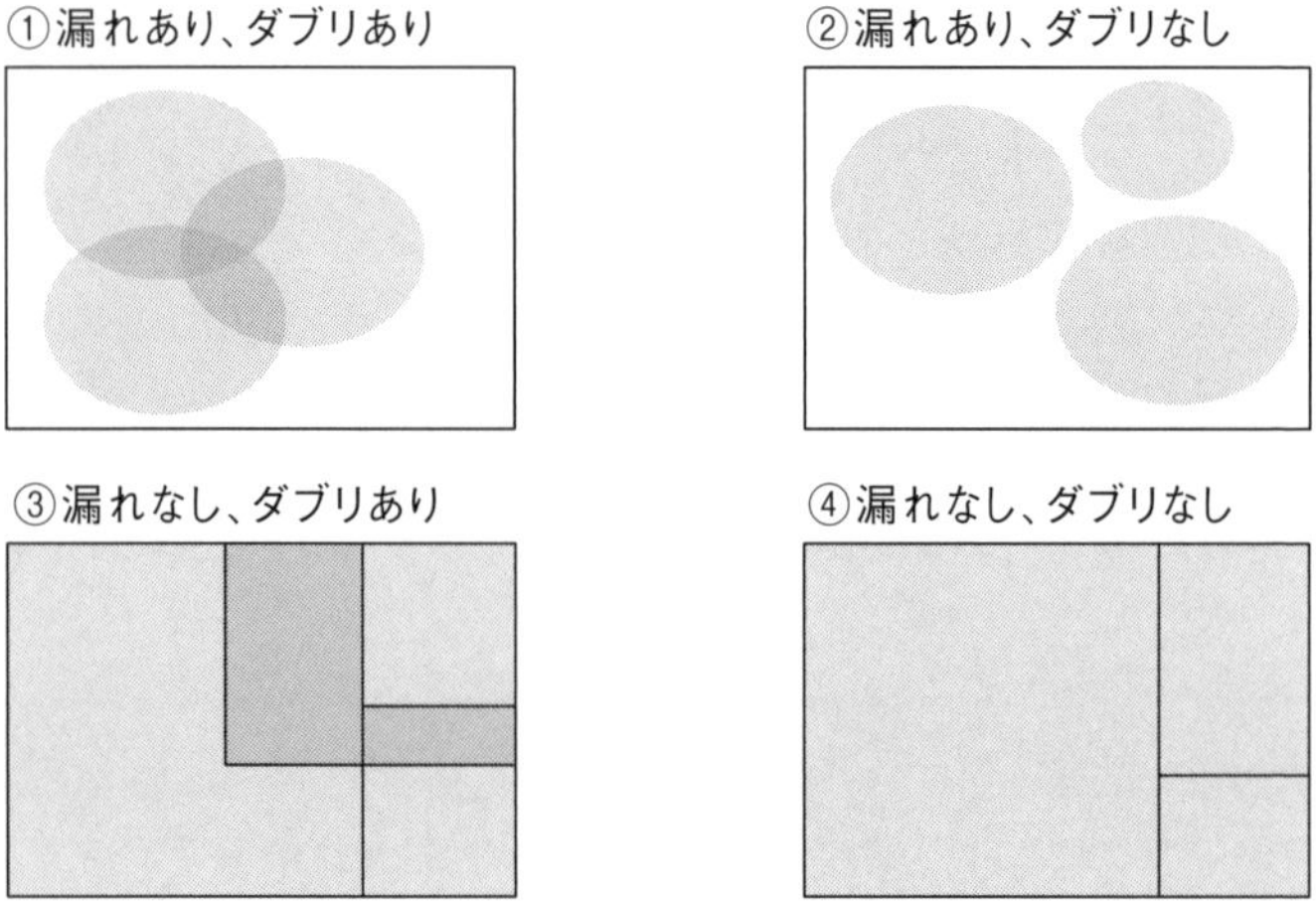

パターン①「漏れあり、ダブリあり」
パターン②「漏れあり、ダブリなし」
パターン③「漏れなし、ダブリあり」
パターン④「漏れなし、ダブリなし」

ここで、冒頭のハンバーガーチェーンの売上分析の選択肢を、ハンバーガーチェーンの売上を構成する要素として、MECEかどうかを検討してみましょう。

①子ども、学生、会社員、無職

まず「漏れ」についてはどうでしょうか？　たとえば、フリーターはどこにも入りませんよね。同様に、経営者も自営業者も、会社員ではありませんし、漏れてい

ます。

では、「ダブリ」はどうですか？

たとえば、会社員であると同時に、ダブルスクールで学生というお客さまもいるでしょう。子どもで学生もたくさんいそうです。

したがって、①は「漏れあり、ダブリあり」のパターンです。

②ハンバーガー、ポテト、ドリンク

ハンバーガーショップに行かれた人たちはすぐに気づくと思いますが、たとえばデザートや、チキンナゲットなどが漏れています。ダブリはなさそうです。

したがって、②は「漏れあり、ダブリなし」のパターンです。

③午前、午後、平日、休日

午前と午後だけであれば、漏れもダブリもないＭＥＣＥですが、そこに平日や休日となると、ダブリが発生します。したがって、③は「漏れなし、ダブリあり」のパターンです。

④A店、B店、C店

モグ・バーガーは、直営店3店のみなので、A店、B店、C店で売上は全てカバーされています。したがって、④は「漏れなし、ダブリなし」のパターンになります。

MECEかどうかは、「足して100%になっているかどうか」で判別しましょう。

たとえば、①であれば、漏れもダブリもあるので、漏れがダブリよりも大きければ100%よりも小さいし、漏れよりもダブリが大きければ、100%よりも大きくなります。

②は、ダブリはないけど漏れはあるので、足したら100%より小さくなります。

③は、漏れはないですが、ダブリがありますので、100%よりも大きくなります（③の場合、午前、午後、平日、休日の売上を全部足したら200%になります）。

④は、A店、B店、C店の売上で100%になるので、MECEと判別できます。

さて、MECEでもっとも難しいのは何かというと、**「自分自身は漏れがないと思い込**

んでいたのに、実際には漏れがあった」というパターンです。

たとえばですが、今、東京におり、これから浜松で予定されている顧客とのミーティングに行くことになった、という状況になったとき、交通手段として何が思い浮かぶでしょうか？

普通に考えれば新幹線、場合によってはレンタカー、自家用車、お金持ちであればハイヤーやタクシーぐらいまでは思い浮かぶでしょう。しかし、なかなか「プライベートジェット」や「ヘリコプター」などは思いつかないですよね。

自分の常識や経験を超えた発想をＭＥＣＥに出すことはなかなか難しいのです。これが、ＭＥＣＥでいちばん難しく、もっとも気をつけないといけない点です。これができないと、自分の常識や経験を超えた事柄に対して、いつまでもＭＥＣＥにとらえることができなくなるからです。

しかし、実はこの発想力もＭＥＣＥの訓練で鍛えることができます。これから、その訓練を行ってみましょう。

「具体→抽象→抽象→具体」で視野を広げる

演習

あなたは、石鹸の開発者です。現在、大人用と子ども用の2つのカテゴリーの石鹸が開発されています。他に、どのようなカテゴリー向けの石鹸が考えられるでしょうか？

思いつきで、犬用、猫用、男性用、アスリート用、女性用……と無闇に挙げても、MECEに考えることはできません。まずは、大人用と子ども用から、MECEに考えて、視野を広げてみましょう。

その際のコツは、次の2つの質問を自問自答することです。

「要するに？」と「それ以外には？」

「大人」と「子ども」は、**要するに**、何でしょうか？　そうです、「人間」ですね。では、「人間」以外には、何があるでしょうか？

「動物」と思ったら、ちょっと立ち止まってみましょう。「人間」も「動物」ですよね。「まとめる力」の「言葉の大きさ」を思い出してください。「人間」よりも「動物」のほうが、「ラベルの大きさ」が大きいのです。とすると、「人間」**以外には**、「ペット」や「家畜」などが挙げられます。これらを合わせると、**要するに**「動物」ですよね。

では、「動物」以外には、何があるでしょう？

ここも、「まとめる力」の「ラベルの大きさ」を活用しましょう。「質」とくれば「量」、「男」とくれば「女」、「食べ物」とくれば「飲み物」、「動物」とくれば？　そう「植物」ですよね。

では、「動物」と「植物」は**要するに**「生物」、「生物」の他には「無生物」です。機械用の洗剤などは、ここに入るでしょう。

具体→抽象→抽象→具体

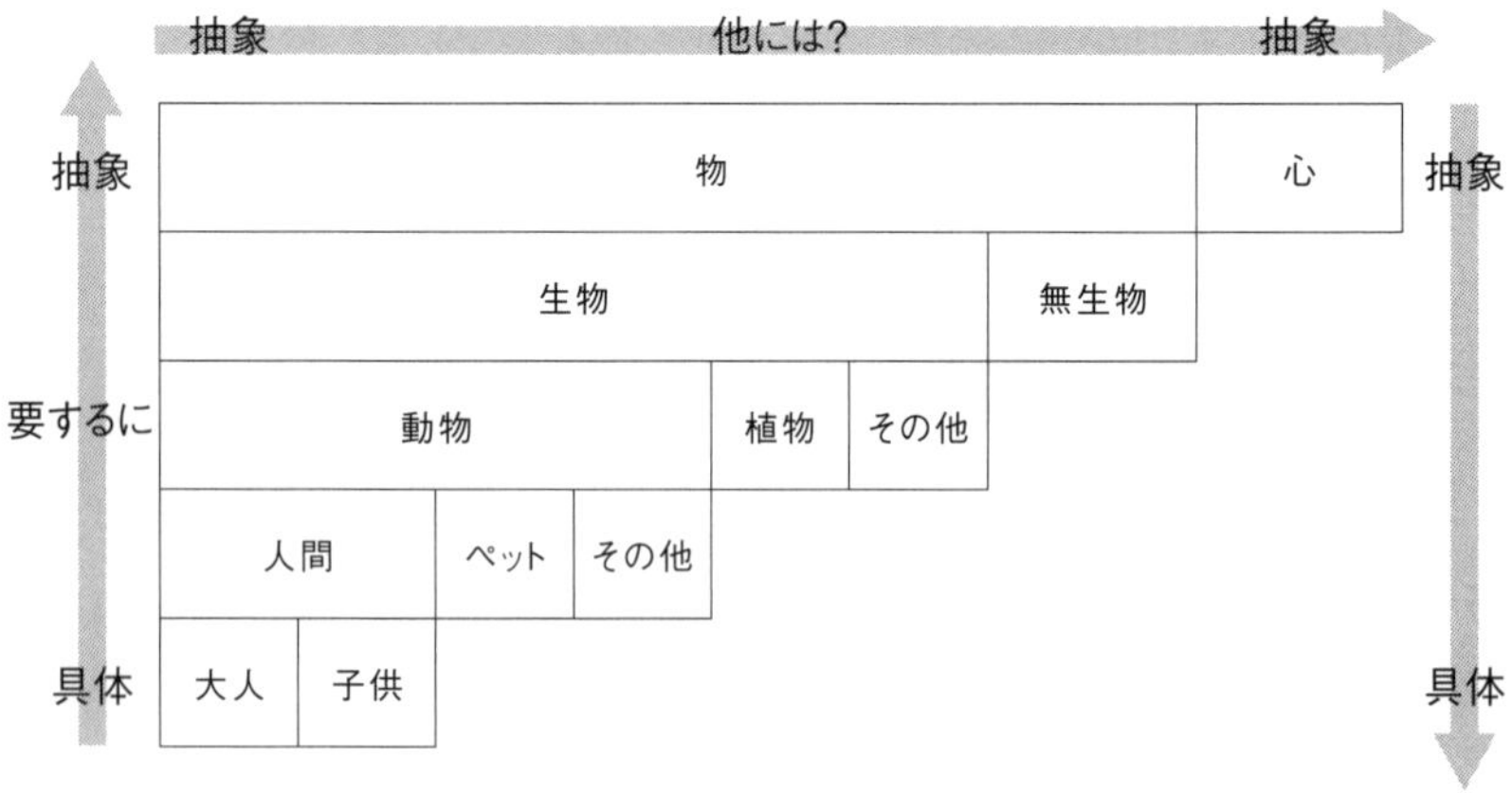

「生物」と「無生物」を合わせると、「物」。「物」**以外には**、「心」などが考えられるでしょう。汚れた心をきれいに洗う「心用石鹸」もあり得るかもしれませんね。

このように**「要するに？」「それ以外には？」を繰り返す**ことで、最初は気づけなかった視点をＭＥＣＥに見つけることができます。

これは、実はロジカルシンキングではとても重要かつ有用な頭の使い方で、**「具体→抽象→抽象→具体」というプロセス**です。

たとえば、「大人」「子ども」を**「抽象化」**すると「人間」。抽象化された「人間」から、同じ抽象レベルの「ペット」へ視野を広げ、そして「犬用」「猫用」と**「具体化」**する。このプロセスを繰り返すことで、様々な視点をMECEに挙げることができます。

「具体→抽象→抽象→具体」は、迷路で道に迷ったときに、ドローンを上に打ち上げて空中撮影をするようなものです。**視野を広げることで、自分が今どこにいて、どこに何があって、どの方向に向かうべきか分かります。**同じことを、頭の中でやるイメージです。

余談になりますが、この「具体→抽象→抽象→具体」を世界で初めて体系的に行った人間が、紀元前384年から322年まで生きた哲学者アリストテレスです。

彼は、世界のあらゆるものを抽象化して分類し、「論理学」という学問を打ち立て、これが今の科学の基礎となりました。アリストテレスは、世界で初めてクジラを「哺乳類」と抽象化したことで有名です。一見すると魚なのですが、子どもを育て、さらに乳で育てるという共通項を見出して、クジラを人間と同じ「哺乳類」と抽象化したのです。

「具体→抽象→抽象→具体」は、様々な場面で活用できますので、自分の視野の広さに自信を持てないときは、積極的に活用してみてください。

第7章

感情と論理

ロジカルも料理も同じ!?

最後に重要なことを1つつけ加えさせてください。それは「感情」についてです。「ロジカル」と「感情」は対立するものだと思われがちですが、私はあくまで「感情」が土台となって、その上に「ロジカル」があると考えています。

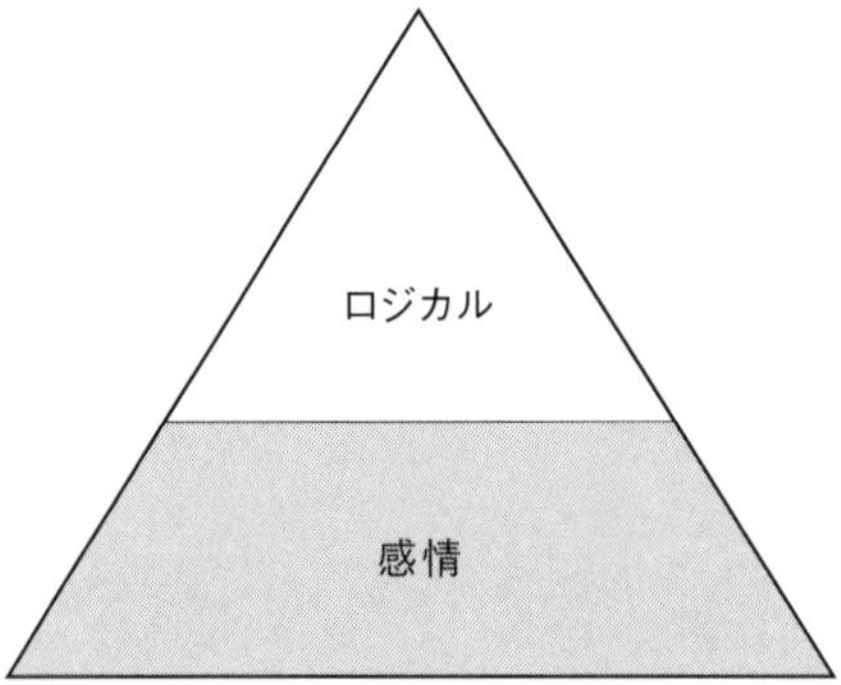

ロジカルと料理は、本質的に共通するものです。「ご馳走する」という言葉がありま

すが、「ご馳走」とは、元々は「馬で走り回る」ことを意味する言葉です。その昔は、大切な客人に料理を振る舞うためには、ほうぼうに馬を走らせて、食材を調達しなければなりませんでした。ご馳走するというのは、「お客さまに少しでも美味しい料理を味わってもらいたい」という愛情の結果なのです。

ロジカルも同じです。**「相手に少しでも分かりやすく伝えたい」という愛情がないと、ロジカルはただの自己満足になってしまう**のです。

たまにロジカルシンキングを学んだ方でこういう方がいます。

「せっかくロジカルに整理して、分かりやすく伝えたのに、分かってくれなかった。相手がロジカルではなかったからだ」

この言葉に、相手に対する愛情を感じますか？　相手に伝わっていない時点で、その方はすでにロジカルではないのです。

相手の立場に立って考える「感情」があればこそ、「論理的なコミュニケーション」は成り立ちます。「論理の前に相手を思う感情」をゆめゆめお忘れなきよう。

伝えるための「5つの力」のまとめ

ここまで、相手に分かりやすく伝えるための「5つの力」を学びました。日々、文章を書いたり、プレゼン資料をつくったり、口頭報告をしたりする際は、常にこの「5つの力」をチェックしましょう。

毎日「何となく」文章を書いたり、プレゼン資料をつくったり、口頭報告をしても、「伝わる力」は絶対に身につきません。たとえば、急に社長に呼ばれて簡単な口頭報告をする際など、毎日の積み重ねが大事です。その積み重ねで、「伝わる力」は飛躍的に高まります。

1　「とらえる力」

①論点は、5W1Hで具体的に設定する

②論点は、「相手の関心」と「自分の責任」の重なりの中で定める

2　「まとめる力」とは

①共通の要素でグルーピング

②グループにラベリング

③ラベルの言葉の大きさを合わせる

3　「答える力」

①曖昧耐性を鍛えて、「論点」に答える勇気を持つ

4　「繋げる力」

①具体化、相対化、定量化

②論理の飛躍に気をつける

③論理の強弱に気をつける

④因果関係と相関を区別する

⑤「事実」と「解釈」を区別する

5　「広げる力」

①　ＭＥＣＥの４パターンを理解する

②　「具体→抽象→抽象→具体」で視野を広げる

参考図書

本書の学びを深めていただくための参考図書です。私が参考にしているものも含まれます。ご興味ご関心に応じて、手に取っていただければと思います。

第1部　自己基盤力

『心のライフライン：気づかなかった自分を発見する』河村茂雄（誠信書房　2000）

就活生向けですが、ライフライン・チャートの意義について丁寧に解説されています。特に7名の学生の物語は、「どんな人にもそれぞれの歴史があり、人生の価値はみんな一緒なんだ」と気づかされます。

『反応しない練習』草薙龍瞬（ＫＡＤＯＫＡＷＡ　２０１５）

僧侶である著者が、古代仏教の教えを紹介しながら、無駄に物事に反応しないための方法論を解説しています。他人の評価を恐れず、自己承認の世界を生きる上でのヒントになります。

『モチベーション３・０　持続する「やる気！」をいかに引き出すか』ダニエル・ピンク（大前研一訳　講談社　２０１０）

目的意識を持って自己決定することが内発的動機付けを促進するという説明は、本書で提唱している「自己基盤力」の重要性を裏づけるものになります。

『マインドセット「やればできる！」の研究』キャロル・Ｓ・ドゥエック（今西康子訳　草思社　２０１６）

本書でもキャロル・Ｓ・ドゥエック氏の実験を解説しましたが、同氏の20年以上の膨大な調査と実験を基にした、成功するためのマインドセットの方法を解説しています。自己基盤を強化するためのマインドの持ち方を学べます。

第2部　課題解決力

『完訳　7つの習慣　人格主義の回復』スティーブン・R・コヴィー（フランクリン・コヴィー・ジャパン訳　キングベアー出版　2013）

特に最初の3つの習慣「主体的」「終わりを描く」「優先付け」は、本書の課題設定でも共通する考え方です。重要度×緊急度のマトリックスで問題解決と課題解決を使い分ける方法を説明しましたが、この考え方は「7つの習慣」の3つ目の習慣（最優先事項を優先する）を応用したものです。

『嫌われる勇気　自己啓発の源流「アドラー」の教え』岸見一郎、古賀史健（ダイヤモンド社　2013）

アドラー心理学の解説書です。アドラーは原因論ではなく目的論を唱えています。人は原因に動かされるのではなく、目的があって現状をつくり出しているという考えです。本書では、「原因追及」の問題解決と「未来志向」の課題解決の違いから「目的」をとらえる重要性を指摘していますが、アドラー心理学とも通じるものがあります。

『ＷＨＹから始めよ！ インスパイア型リーダーはここが違う』サイモン・シネック（栗木さつき 訳 日本経済新聞出版 ２０１２）

本書でも解説したゴールデンサークル理論の提唱者であるサイモン・シネック氏の著作。本書で取り上げたアップルだけでなく、様々な事例からＷｈｙの重要性を学べます。

『ニュータイプの時代 新時代を生き抜く24の思考・行動様式』山口周（ダイヤモンド ２０１９）

社会構造や技術の変化に伴って、新しい時代に求められる人材像を定義しています。「これから求められる能力は問題解決力ではなく問題発見能力だ」という主張は、本書の「自己基盤力」「課題解決力」とも通じるものがあります。

第3部　論理的コミュニケーション力

『新版 考える技術・書く技術 問題解決力を伸ばすピラミッド原則』バーバラ・ミント（山崎康司 訳 ダイヤモンド社 1999）

ロジカルシンキングの基本である「ピラミッド構造」の解説書です。ロジカルシンキングの古典的名著です。文量が多く難解ですが、本書で「ロジカル」に興味を持った方は、学びを深めるためにトライしてみてください。

おわりに

「3つの力」は全ての土台

ここまで、いちばん重要であるにもかかわらず、なぜか会社では教えてくれない3つのビジネス基礎力をお伝えしました。

この3つの力を身につけた後は、それぞれのWhy(目的)に応じて、専門領域の知識やスキルを学んでいけばよいでしょう。

「将来はプロ経営者になりたい!」というWhyを見つけたら、「経営戦略」を学んでいくことになるでしょう。

「経営戦略」にはたくさんの理論やフレームワークがありますが、これらは本書で伝えている論理的思考力が土台になっています。

たとえば、経営戦略をつくる基本的なフレームワークの1つに、3Cというものがあります。

自社（Company）・市場／顧客（Customer）・競合（Competitor）の枠組みで、MECEに競争環境を分析するフレームワークですが、実は、これも「論理的コミュニケーション」で学んだ「具体↓抽象↓抽象↓具体」の応用です。自社の具体的な情報を「自社」と抽象化させて、「他には？」と視野を広げると、「競合」や「市場／顧客」が出てきます。

このように、フレームワークを暗記するのではなく、本書でお伝えしたベースとなる考え方を身につけていれば、自由自在にフレームワークをつくれるようになるのです。

さらに、そもそも戦略とは、「Ｗｈｙ」を実現するために、どこに経営資源を投入するか、どこを捨てるのかの「選択と集中」をすることであり、これは「課題解決力」のステップ1の「目標を絞る」ことだと説明しました。

「財務分析の専門家になる」という人もいるでしょう。財務分析においても、表面的な数字という事実ではなく、「課題解決力」のステップ2で学んだ、背後にあるＨｏｗ（構造）を解き明かすことが必要です。たとえば、「営業利益率が過去5年間で10％から5％に減少しているのはなぜか？」は、まさにそれにあたります。

マーケティングでは、ＳＴＰというフレームワークがあります。

顧客を定め（Segmentation）、ターゲットを絞り（Targeting）、自らの立ち位置を決める（Positioning）ことで、市場における競争優位を獲得するというものです。これもまた、「課題解決力」のステップ1（Ｗｈｙ）の「目標を絞る」ことに他なりません。

さらに、ＳＴＰで顧客を絞った後に、4Ｐというフレームワークで施策を考えます。4Ｐとは製品（Product）、価格（Price）、流通（Place）、販売促進（Promotion）の頭文字で、これらの4つの視点からＭＥＣＥに売れる仕組みをつくるためのツールです。

これは、ステップ2のＨｏｗ（構造）とステップ3のＷｈａｔ（対策）を考えるためのフレームワークです。また、そもそもステップ1のＷｈｙ（目的）がなければ、何のためにその商品を売るのかが分からなくなってしまいます。

この他、ファイナンス、ビジネスモデル、プロジェクトマネジメント、プレゼンテーション、組織マネジメント……学ぶことはたくさんあります。しかし、その土台になるのは、本書でお伝えした「3つの力」です。この「3つの力」を土台にすれば、学んだことが血となり肉となり、Whyを実現する強力な武器となってくれるでしょう。

＊＊＊

日本は「失われた30年」に苦しんでいます。「欧米に追いつけ、追い越せ」と、現場の改善を重ね、いいものを安くつくっていた時代、日本は無類の強さを誇っていました。

成長が右肩上がり、大量生産消費社会では、いいものを安くつくればよかったのです。そのような時代は、上司から目的が与えられ、上司の指示を守り、目の前の現場を改善する人材が重宝されました。

しかし、インターネットによって時代は大きく変わりました。技術革新により、1人ひとりにカスタマイズされた製品・サービスが開発され、そして世の中の価値観は多様になってきています。VUCAという言葉に表されるように、技術革新で時代の変化はかつてよりさらに速く、未来は予測しがたいものになっています。

このような時代だからこそ、これからは、主体的に「ありたい姿」を描き、自ら「ありたい姿」を実現するための施策を論理的に考え抜き、そして周囲を巻き込んで動かしていく高度なコミュニケーション力を持った人材が求められていきます。日本が低迷しているのは、過去の成功体験に縛られ、新しい時代に対応する人材育成ができていないからではないでしょうか。

本書を手に取った方々が、この「3つの力」を身につけ、新しい時代を主体的に切り開いていっていただければ、この上ない喜びです。

山本哲郎

2024年　3月

著者紹介

山本 哲郎 やまもと てつろう

(株)2E Consulting代表取締役。

一橋大学社会学研究科卒。

ハーバードビジネススクールProgram for Leadership Development修了。

新卒にて三菱商事へ入社。ドイツ、シンガポールなどに9年駐在し世界最大の資源コングロマリットであるBHPへ出向、グローバルエリートのビジネススキルの高さに圧倒される。この経験から日本企業の人材育成に問題意識を持ち、自身のキャリアを人材育成に尽くすことを決意。研修会社に転職し、大企業幹部候補生や社員など年間2,000人以上に「問題解決力」やビジネススキル等を教える中で、伴走型の期間育成プログラムを開発し、㈱2E Consultingを創業。現在に至る。

Facebook : https://www.facebook.com/tetsuro.yamamoto.33

BOW BOOKS 024

ビジネスパーソンに必要な3つの力

発行日　2024年4月30日　第1刷

著者　山本哲郎
発行人　干場弓子
発行所　株式会社BOW&PARTNERS
https://www.bow.jp　info@bow.jp
発売所　株式会社 中央経済グループパブリッシング
〒101-0051　東京都千代田区神田神保町1-35
電話 03-3293-3381　FAX 03-3291-4437

ブックデザイン　小口翔平＋畑中茜（tobufune）
編集協力＋DTP　BK's Factory
校正　小宮雄介
印刷所　中央精版印刷株式会社

科学的論理思考のレッスン

009

高木 敏行／荒川 哲
2200円｜2022年6月30日発行
A5判横イチ並製｜212頁

情報があふれている中、真実を見極めるために、演繹、帰納、アブダクション、データ科学推論の基本を！

朝日新聞記者がMITのMBAで仕上げた 戦略的ビジネス文章術

010

野上 英文
2420円｜2022年7月30日発行
四六判並製｜416頁

ビジネスパーソンの必修科目！　書き始めから仕上げまで、プロフェッショナルの文章術を、すべてのビジネスパーソンに。

わたしが、認知症になったら 介護士の父が記していた20の手紙

011

原川 大介／加知 輝彦 監修
1540円｜2022年9月30日発行
B6判変型並製｜192頁

85歳以上の55％が認知症!? 本書が、認知症、介護に対するあなたの「誤解・後悔・負担・不安」を解消します。

グローバル×AI翻訳時代の 新・日本語練習帳

012

井上 多惠子
2200円｜2022年9月30日発行
B6判変型並製｜256頁

外国人と仕事するのが普通となった現代のビジネスパーソン必携！　AI翻訳を活用した、世界に通じる日本語力とコミュニケーション力。仲野徹氏絶賛!!

人生のリアルオプション 仕事と投資と人生の「意思決定論」入門

013

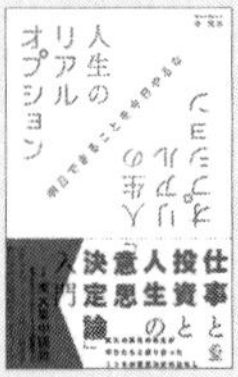

湊 隆幸
2420円｜2022年11月15日発行
四六判並製｜320頁

「明日できることを今日やるな」　不確実性はリスクではなく、価値となる。私たち一人ひとりがそのオプション（選択権）を持っている!!

こころのウェルビーイングのために いますぐ、できること

014

西山 直隆
2090円｜2022年12月25日発行
四六判並製｜320頁

モノは豊かになったのに、なぜココロは豊かになれないんだろう…幸せと豊かさを手にしていく「感謝」の連鎖を仕組み化！

「幸福学」の前野隆司氏推薦！

コンサル脳を鍛える

015

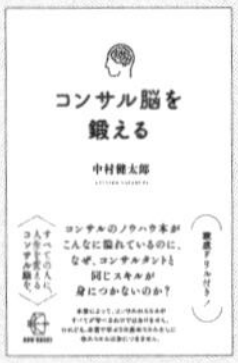

中村 健太郎
1980円｜2023年2月25日発行
四六判並製｜256頁

コンサル本が溢れているのにコンサルと同じスキルが身につかないのはなぜか？　その答えは「脳の鍛え方」にあった!? すべての人に人生を変える「コンサル脳」を。

はじめてのUXデザイン図鑑

016

荻原 昂彦
2640円｜2023年3月30日発行
A5判並製｜312頁

UXデザインとは、ユーザーの体験を設計すること。

商品作りでも販売現場でもアプリやDXでも…あらゆる場面でUXデザインが欠かせない時代の武器となる一冊！

017 コンサル・コード
プロフェッショナルの行動規範48

中村 健太郎
2200円｜2022年5月30日発行
四六判上製｜232頁

コンサルファーム新人研修プログラムテキスト本邦初大公開！コンサルの作法と正しいアクションが学べる実践的スキルブック。

018 現代の不安を生きる
哲学者×禅僧に学ぶ先人たちの智慧

大竹 稽／松原 信樹
2200円｜2023年6月30日発行
四六判並製｜320頁

不安があってもだいじょうぶ。不安があるからだいじょうぶ。哲学者と禅僧による、不安の正体を知り、不安と上手につきあうための17項目。

019 いずれ起業したいな、と思っているきみに 17歳からのスタートアップ講座 アントレプレナー入門
エンジェル投資家からの10の講義

古我 知史
2200円｜2023年8月30日発行
四六判並製｜328頁

高校生から社会人まで、「起業」に興味を持ったら最初に読む本！

020 いずれ起業したいな、と思っているきみに 17歳からのスタートアップ講座 アントレプレナー列伝
エンジェル投資家は、起業家のどこを見ているのか？

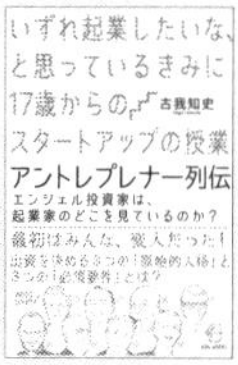

古我 知史
1980円｜2023年10月30日発行
四六判並製｜296頁

起業家はみな変人だった!? 出資を決める３つの「原始的人格」と「必須要件」とは？

021 グローバル メガトレンド10
社会課題にビジネスチャンスを探る105の視点

岸本 義之
2750円｜2023年11月30日発行
A5判並製｜400頁

これは、未来予測ではない。2050年の必然である。ビジネスで地球と世界の未来を救う若き起業家たちへの希望の書、誕生！

022 戦略メイク
自分の顔は自分でつくる

池畑 玲香
1870円｜2023年12月25日発行
四六判並製｜272頁

キレイになるだけじゃもったいない。ほしい未来をかなえなくっちゃ！働く女性に、ヘアスタイルとメイクアップという女性ならではの「武器」の有効活用法を！

023 イノベーション全史

木谷 哲夫
3080円｜2024年3月30日発行
A5判並製｜392頁

産業革命以来のイノベーションとそれにともなう社会の変革を振り返ることによって、今求められる『イノベーションを起こすための条件』を浮き彫りにする。

全国主要書店、
オンライン書店、
電子書籍サイトで。
お問い合わせは、
https://www.bow.jp/contact

BOW BOOKS

時代に矢を射る　明日に矢を放つ

WORK と LIFE の SHIFT のその先へ。
この数年、時代は大きく動いている。
人々の価値観は大きく変わってきている。
少なくとも、かつて、一世を風靡した時代の旗手たちが説いてきた、
お金、効率、競争、個人といったキーワードは、もはや私たちの心を震わせない。
仕事、成功、そして、人と人との関係、組織との関係、
社会との関係が再定義されようとしている。
幸福の価値基準が変わってきているのだ。

では、その基準とは？　何を指針にした、
どんな働き方、生き方が求められているのか？

大きな変革の時が常にそうであるように、
その渦中は混沌としていて、まだ定かにこれとは見えない。
だからこそ、時代は、次世代の旗手を求めている。
彼らが世界を変える日を待っている。
あるいは、世界を変える人に影響を与える人の発信を待っている。

BOW BOOKS は、そんな彼らの発信の場である。
本の力とは、私たち一人一人の力は小さいかもしれないけれど、
多くの人に、あるいは、特別な誰かに、影響を与えることができることだ。
BOW BOOKS は、世界を変える人に影響を与える次世代の旗手を創出し、
その声という矢を、強靭な弓（BOW）がごとく、
強く遠くに届ける力であり、PARTNER である。

世界は、世界を変える人を待っている。
世界を変える人に影響を与える人を待っている。
それは、あなたかもしれない。

代表　干場弓子